一切都还来得及

东方心学苑 / 著

带着恐惧的想象,
都不是生命的真相

推荐序 活出来的人师

金惟纯

和东方心学苑的 Eva 相识半年多，算是新朋友，但缘分特别，相知甚深。

起因是我在做企业顾问时发现教练技术不可或缺，但自己欠学，于是四处打听：华人地区最好的教练是谁？从不同朋友口中不断听到 Eva 的名字，乃登门求教。于焉一见如故，相见恨晚。

后来，我参加了几次 Eva 带领的工作坊，亲身体验了她的一对一教练，并邀请她一起主持企业内部培训，证实了传言不虚，她的确是"华人地区教练第一人"。

因为她不仅是最早接触西方教练技术的华人，而且在此之前，数十年磨一剑，一直在助人的领域广泛学习、深度实践，成果斐然，所以才有足够的功底，研发开创"东方心教练"，走出一条融汇东西方精髓的教练新道路。

"心教练"在助人和教学的效能上，无论用于个人或企业，都十分让人震撼。我自己亲身经历，有资格做见证。更由于近身观察，我也相当确认，Eva在东方心教练的实践上不仅能"说出来""做出来"，并且也"活出来"了。

除了在工作和教学上纯熟运用教练技术，在生活和关系中，她亦复如是，行住坐卧，莫不如是，已是不折不扣的教练"人师"。

"技师"和"经师"易得，"人师"难得，因为人师都是"活出来"的。我有幸结识Eva这当世难得的教练人师，很乐意在东方心学苑出版新书倾囊相授时，毫无保留地推荐给所有朋友。

（作者系中国台湾地区《商业周刊》创办人）

自序　内心强大，你也可以

♡ 所有变革，都是心智模式的变革

东方心学王阳明先生终其一生对生命真相的发现是"吾心光明，本自具足"，我在东方心教练的育人过程中也有相同的"看见"：由于生命的本自具足——相信人人心中自有答案——教练进行辅导时才能真正做到不分析、不建议、不评判，透过引导式的对话，导引客户深层聆听自己的内在，豁然发现心之所向的答案。

你想改变行为，就必须先改变思维；你想改变世界，就必须先改变自己；你想改变外在，就必须先改变内在。

人的心智模式好比生命成长和生涯发展的内在地图，它很隐形又很有威力，它的功用在于为人生指引方向：心智指引解脱则解脱，指引沉沦则受苦。

可以说，人生中所有的喜怒哀乐、成功失败都来自心智的指引，而生命意识的净化、转化、进化，关键都在于心智模式的变化。许多人一生所面对的种种挑战，和"能否转化自己的心智模式"息息相关。

我很喜欢讲一个故事：

有一头生活在马戏班里的小象，小时候被一条铁链子拴着，每次向前走，它都会被链子固定住，所以总是走不远。渐渐地，它长成了一头大象。其实铁链子已经拴不住它了，但它还是走不远，每次向前走都会自动停下来，因为它相信自己走不远。它不知道自己是有能力摆脱铁链子的，它也不知道自己是自由的，因为它的信念是"我做不到"。

这就是心智模式中的限制性信念——总认为自己做不到。这些我们在大脑中的种种认为——"做不到、不可能、不应该"——都属于我们的内在制约。

心智模式中又包含着人的情绪模式、思维模式和行为模式。这些模式会在我们的生命成长过程中，不知不觉像拴住那头小象的铁链子一样，对我们造成种种的自我设限。而正是这些自我设限的心智模式，让我们觉得自己不重要、不可能，或是不配得。

生命中如果没有自我设限、自我否定，也没有妄加评断自己可能或不可能的心声，你会不会活得更自由？

唯有在自由中尊重和接纳自己，才能真正地尊重他人。这样的生命状态和心智模式，你喜欢吗？

由于心智模式的发展深深影响着人生成败，所以如何深入了解和清晰自己的心智模式，是我们一生中至关重要的生命学课题。

♡ 如何醒觉心智模式？

你是否有过这样的经验：你遇到了一件开心的事，却无法尽情地享受快乐，因为总有一个质疑的、否定的声音会立即跳出来质问你：这有什么值得高兴的，好事会一直存在吗？

这种心理状态很常见。我发现东方人的心智模式中普遍存在着患得患失的现象：机会来了，怕自己做不好；机会没来，又怀疑自己是否会有好机会。许多功成名就的人也是一样，无论他们外在的成就和财富有多好，他们的内心还是会不由自主地自我否定，信心不足、患得患失。

很多人和我说，他们对我印象最深的就是我身上那股如如不动的生命状态。这表明，很多人都渴望获得内心安定的力量。

内心的安定是无论外在发生什么，无论别人如何评价，你的内心都是安定的。内在的自性成为外在的自信，你就没有恐惧、永远安心。

这是一种由内而外根深蒂固的信心,不会被轻易撼动。你不需要依靠别人来证明什么,这种由内而外的力量,会使你活得自在、自然、自由。

反之,一个人如果内心缺乏自信,当别人称赞说"你做得很好啊!""你很棒!"的时候,他就会立即不自在地否定自己说:"没有没有,我的问题还很多呢!"

人的内心渴望被肯定,却无法真正地悦纳自己被肯定,因为内在还有一个不肯定的心智。想要被肯定,一旦获得了肯定,又会不断地自我否定。这样的心态,无论获得到多少肯定似乎都不够。

前面我提到的马戏班里的小象,如果它能明白什么是生命的制约,每当自我否定的念头出现时,醒觉就能让它知善知恶、明辨是非,避免自己陷入纠结和冲突。

醒觉是将制约转化为自我意识的觉察行动,需要每天透过"三步觉察"来练习。

关于如何觉察制约、化解干扰,我在生命胜任力(Inner Grow Model)中会进行详细的分享。

♡ 一切都还来得及：生命胜任力，活学的核心能力

——1——

生命胜任力是让人活好的关键能力。

人的一生离不开两个组织：一个是家庭，一个是企业。人们每天从家里出发去公司，再从公司下班回到家里，持续在这两个组织之间自我发展。人生的核心需求，爱与被爱、精神与物质、学习与应用、关系与成长、成功与成熟等，也都来自这两个组织。

每个组织都非常重视各个岗位的胜任力，所以人在不同的职位需要具备不同的岗位能力。

同时，即便转换了不同的角色和职位，人依然还是那个人，所以组织除了需要发展人的职务技术能力，还需要发展人的生命胜任力。

——2——

组织会透过不同的角色发展人，这是组织发展快速获得绩效成果的秘诀。

我们一生中会担任许许多多的角色，从子女的角色到成为

父母的角色，又从职场的各个角色转到成为创业者的角色。

每一次人生的角色转换，你真的都做好准备了吗？

人生最重要的角色是把自己活好，所以不管你在组织内担任哪种角色，关键都在于你这个人。你的生命状态会直接影响你的各项发展，决定你能否做好那一个又一个的角色。

对于生命而言，角色像是我们穿上不同的衣服，完成不同阶段的任务。然而人生中所有角色的学习和发展都必须回到生命本身。对组织来说，发展人，就能发展绩效。

—3—

生命胜任力是我 40 年专业助人经历的整合，理论核心是东方心学与西方心理学、教练学，实践与落地的系统在心内学。

它的完整体系如下：

1. 处在当下（Be Present）
2. 建立同在（Fully Contact）
3. 用心聆听（Awareness Listening）
4. 醒觉提问（Awakening Questioning）
5. 觉察制约（Conditioning Awareness）
6. 化解干扰（Empower Inner Transformation）

7. 确认目标（Goal Setting）

8. 了解现况（Reality Clarifying）

9. 促进行动（Empower Awareness Action）

10. 运用支援（Finding Support）

1994年我获得"保德信集团国际绩效教练世界冠军奖"，在企业绩效培育人才领域有了一张很好的成绩单。这要非常感谢我的总教练、我在"张老师辅导中心"获得的心理辅导经验，以及我在商业组织内学习的西方教练学。

2000年我应聘来到上海，应用生命教练模式为企业建立人才培育与发展系统。当时有很多人问我"什么是教练"，我则反问他们"什么是生命"。当然，他们中很少有人能够真正把自己的生命说清楚。

一个人如果没有做到真正的自我了解，自然会影响自我发展和自我实现。

从自我了解到自我发展，再到自我实现，这是成人生命教育的一个完整的学习体系。所有和生命有关的学习与发展，都必须是可持续、可发展、可落地的，这样才能实现生命的知行合一，获得"从知道到做到"的学习成果。

目前，生命教育在学校、家庭、社会上已经有了许许多多的学习课程，只是还欠缺"教导（学习）+辅导（发展）"的生命支援系统（Learning & Development System，简称 LDS）。

为了实现这个生命支援系统，经过十年研发、十年育成，我终于完成了阶段性的使命与任务——创建心内学育人体系。

如下图所示，心内学包含"1 个核心"（致良知）、"2 个醒觉"（三步觉察、五步聆听）、"3 个合一"（心脑合一、知行合一、天人合一）、"5 个修炼"（空、松、定、静、觉）和"10 个能力"（生命胜任力）。

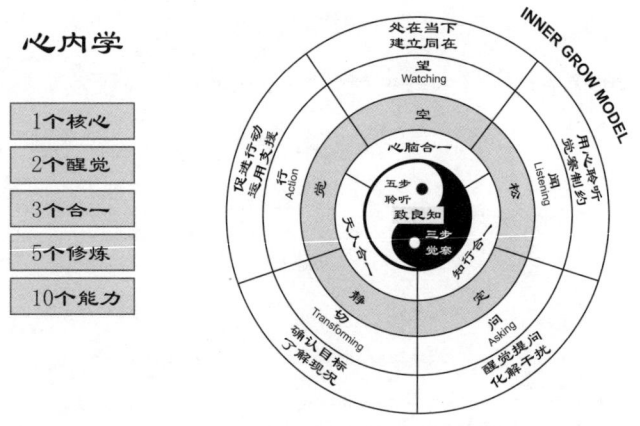

其中，生命胜任力是内在成长与外在成果的整合，是致良知与知行合一的核心能力，是从知道到做到，是生命教育和生涯发展，是发展觉知和发展绩效，是一个完整的由内而外、系统性的生命教育与教练体系。

总的来说，生命胜任力的学习是东方哲学与生命智能的整合，是"内外兼修，内圣外王"之道。

内圣，是指注重内在的修为。诚意、正心、修身、齐家、格物、致知，是圣人的修为。

外王，是指做事的本领和成果。为了造福更多的人，我们在做事上要有好的方法，这样才能创造世间美好的成果。

生命胜任力的前六个能力是"内圣"（内在成长：发展觉知），后四个能力是"外王"（外在发展：创造绩效）。

孔子说，"内圣外王"是一个生命循序渐进、步步为营的实践过程，先"内圣"，后"外王"。我在实践生命胜任力的过程中，每每发现这套学习系统确实能够助人由内而外地提升心力能量、转化心智模式，内外一致地发展生命成长与生涯成功。

我期待这本书也能陪伴你，从自我了解到自我发展，活出自己的生命胜任力。一旦你有了生命的自觉和生命胜任力，就会发现一切问题都不是问题，一切都还来得及。

（作者系东方心学苑创始人 Eva）

Contents 目 录

第一部

生命胜任力（内圣）
——内在成长：发展觉知——

1   处在当下（Be Present）   002
     1-1   从关注"事"来到关注"人"   004
     1-2   瞬间化解纠结和紧张   008
     1-3   当下，活出真实的自己   012

2   建立同在（Fully Contact）   016
     2-1   在情绪中和自己建立同在   018
     2-2   轻松做自己   022
     2-3   心内的同在   026
     2-4   连接你的天赋热情   030

3   用心聆听（Awareness Listening）   032
     3-1   聆听当下的力量   036
     3-2   聆听与生命整合   042

	3-3　用心聆听，心力大增	050
4	醒觉提问（Awakening Questioning）	054
	4-1　对话如何不对立	058
	4-2　生命醒觉的关键	062
	4-3　醒觉提问是问心	066
5	觉察制约（Conditioning Awareness）	072
	5-1　不伤己，不伤人	076
	5-2　觉知无意识的状态	080
	5-3　突破制约，修补关系裂痕	082
6	化解干扰（Empower Inner Transformation）	084
	6-1　觉察制约、化解干扰	086
	6-2　致良知，心即理	090
	6-3　心力不费力	094

第二部

生命胜任力（外王）

——外在成果：发展绩效——

7	确认目标（Goal Setting）	102
	7-1　目标是人生的需求和理想	106
	7-2　内圣外王的目标	110

8	了解现况（Reality Clarifying）	116
	8-1　发展人，就是发展绩效	118
	8-2　在紧张中了解现况	122
9	促进行动（Empower Awareness Action）	128
	9-1　在觉知中行动	130
	9-2　在对话中问心	134
10	运用支援（Finding Support）	138
	10-1　运用教练，就是运用支援	140
	10-2　亲密关系是支援吗？	148

第三部

人间心法，事上练心

—— 欲成事，先练心 ——

11	不急、不停、不怕	160
12	自觉、觉他、觉行，可以致良知	164
13	事情、心情、发现需求（发展 3F）	178
14	人、角色、成果（发展 3P）	184
15	借事修人	188
16	复盘与赋能	192
17	生命的意义是整合	204

| 18 | 爱是最终的答案 | 216 |

第四部

人间心法，落在人间
——学员心声——

19	我找到了——魏奕	222
20	活出真实的自己——欧阳彦琨	230
21	50岁后人生更美好——向华兰	232
22	感谢这个人间道场——周丽丽	234
23	从此走心路，一切都还来得及——杜娟	238

| 感恩 | 对的人、对的事、对的时 | 245 |
| 附录 | 生命胜任力行为指标 | 247 |

第一部

生命胜任力（内圣）

——内在成长：发展觉知——

1 处在当下
(Be Present)

生命胜任力,是让人人活好这一生。

如果每一天都能活好,这一生就能活好,就无须关注前世与来生,这就是处在当下的生命意义。

处在当下是不思考不在眼前的人和事;处在当下让你的人生聚焦、专注、专心,它是忙碌的现代人非常重要的身心脑修炼;处在当下是坐在心上,在醒觉中对话。

我们每个人都需要这样一面人生的镜子。这面镜子能帮助我们完整地看见自己,既能看见自己的外观,也能照见自己的内观。处在当下的醒觉就是那面由内而外全面观照的心镜。

能够清晰照见生命真相的这面心镜,需要你时时处在当下,让大脑没有来自过去和未来的思绪,处在一种"零干扰"的状态。当内在的这面镜子足够干净时,你就会成为清晰者,瞬间看清自己。

现实中,我们的大脑常常是左想过去、右想未来,脑海里充满各种念头和想法：一会儿想着以前怎么样，一会儿又想着以后会怎么样。而人生唯有处在当下，不怀念过去、不忧虑未来，才算是真真实实地活。

时常练习处在当下会使我们的生命状态更加专注，生活中涌现源源不绝的正能量和智慧灵感，使我们既清晰又轻松地面对人生中所有的发生和发展，实现自己的心之所向。

人对于未来通常有着很多的担心，因为未来代表未知和不确定性，而对于不确定性，大脑总会习惯性地调动恐惧性思维，因此人容易经常处在紧张和不安的状态中。

而对于一个时时处在当下的人来说，没有来自过去和未来的干扰性思考，只有自由自在地享受当下智慧流动的生命状态。

一个人没有恐惧，是因为他的头脑中不再有创造恐惧的想法。

这种轻松、轻易的生命状态，是处在当下带来的生命礼物。在这种状态下与人交往时，你会发觉人与人之间的投射消失了，对立化解了，关系变得滋养而不耗能。

1-1 从关注"事"来到关注"人"

有一位学生 S 跟我谈他和母亲的关系,他说:"最近我有一个发现,以前我总觉得母亲的爱里有很强的控制力,但是现在我发觉这就是母亲对爱的表达方式,她只能用她的方式来表达爱,我也无法要求母亲用我想要的方式来爱我。"

在他的诉说里有两个人:一个是他,另一个是他的母亲。他还说了三个重点:第一,他无法要求母亲;第二,母亲是用她的方式来表达爱;第三,母亲爱他。

我回应他时既不谈论他的母亲,也不讨论他和母亲如何相处,我只响应他关于处在当下的感受、观点和生命状态的部分。

这就是"处在当下的对话",聚焦此时此刻正在流动的人和事。

Eva:你刚才提到三个重点,第一,你无法要求母亲;第二,母亲是用她的方式来表达爱;第三,母亲爱你。此刻,你对自己有什么发现吗?如果我们抽离一下,在这个当下只有你,你对自己有什么感觉和发现?

1 处在当下（Be Present）

S：我心中原有的一些秩序仿佛在松动。我发现原本隐藏很深的一些观念被模模糊糊地探索和发现了，但是，要接受并不容易。

Eva：此刻你提到了接受、你内心隐藏很深的一些观点、你看见心中的秩序在松动。如果把它们串联起来，当下你会发现什么？

S：我觉得自己还是会很紧张，会失控，我不知道如何跟这种不确定性共处。

Eva：跟不确定性共处。好，我们对话至此，你有什么感受？

S：我感觉一种莫名的、带着动能的能量在胸口涌动，但是它被压抑着，还没有突破出来。

Eva：你发现了压抑、看见了涌动，然后呢？这会带给你什么？

S：我发现它就在那里。最近我有更多机会去体验刚才说的那种压抑涌动的能量。

Eva：你现在并不知道它会怎样？

S：嗯，我无法完全接受它。

Eva：你又提到了"接受"。所以当你不接受的时候，你会怎样？

S：就是刚才那种状态，压抑再度涌动。

处在当下，他在描述的过程中对自己进行了深入的探索与反思，他发现了自己生命中原有的一些秩序，还发现了自己的一些很深刻的观点——他想要"接受"。这些自我探索与觉察，当下会让他如实地看到自己的压抑在涌动。

当他有了这些自我发现，我并没有在那些"事情"上跟他对话，因为那些事情都不在当下。人生无论曾经发生过什么，都是过去，没有人可以改变过去，却可以活在当下和创造未来。

是当下的醒觉让他从母子关系中领悟到和母亲的觉知关系，这个领悟足以开创关系中更好的可能性。

我们之间进行的是醒觉对话。醒觉对话是处在当下的对话，是聆听自己聆听对方，从关注"事"来到关注"人"，支援他自己听见生命的答案。

在醒觉对话的过程中，人的生命状态会透过当下的觉知来聆听和提问，因此你的提问很有可能给对方带来生命的转化和洞见。

这样的对话可以发生在任何关系中。这样的对话不会陷入思维分析与生命故事，只是在醒觉中聆听和提问，它非常有助于沟通与聚焦，并能迅速带来理想的成果。

处在当下、体验觉知关系，这是美好人生的高峰体验。

我们可以更好，但是不需要痛苦地更好，因为在痛苦中没有更好可言。

1-2 瞬间化解纠结和紧张

学生 YL 和我说:"我每次上场前总是很紧张、很纠结,觉得自己准备得不够充分,所以会一再进行调整,这样就会给自己增加很多的压力。我很心疼这样的自己,希望有一天能真正做到游刃有余。"

觉得自己准备得不够充分,这是大脑中"自我否定"的思维模式。也就是说,这些问题是二元对立的大脑创造出来的。

生命中凡是干扰性的情绪,如紧张、纠结等,都来自限制性思维。我们的大脑中有积极性思维,也有限制性思维。

不怕念起,只怕觉迟。经常陷入二元对立的大脑非常需要醒觉,这样你才能念念分明,而不是自寻烦恼。就像我们开车,如果导航一直指引着错误的方向,即使你有很好的体力和技术,也无法抵达真正想去的地方。思维模式就是人生导航,对于生命的自我实现影响深远。在和她的对话中,我引导她走向内在的另一条路——心路。我们处在当下,进行了"三步觉察"（简称 SBS：Stop，在情绪中暂停；Breathe，做一个深呼吸；See，静心观照）。

首先，她暂停（Stop）了正在紧张、纠结的心情。接着，她做了一个深呼吸（Breathe），向内看（See）自己。

Eva：你的叙述指向了一个问题——你不放心自己，是吗？

YL：是的。

Eva：你做什么都不放心自己吗？

YL：是的。

Eva：好，现在请你把眼睛轻轻闭起来，向内看一看。你一直纠结的问题是"不放心自己"。此刻，我们来看看你的心，不放心的话，你把心放在哪里呢？

YL：心就在我自己身上。

Eva：心就在自己身上，所以并没有不放心的问题，心一直在那里。

YL：是的。

Eva：很好。当下你对自己的心有了觉醒。现在我们一起来做"三步觉察"好吗？此刻，你静静地看着自己的情绪和想法，像天上的白云在飘……

YL：处在紧张状态时，我无法进行"三步觉察"。

Eva：是的，所以我们现在一起来做，我们一步一步来。看看你在第一步——Stop 时，会停留在哪一种心情，也看看你停止了什么想法。

YL：停止的是"感觉准备不够充分"的想法。

Eva：好，此刻"感觉准备不够充分"的想法停止了。接着，请你做一个深呼吸（Breathe）……当你停止了这个想法，现在你怎么看自己？

YL：我看到一个有所准备的自己。

Eva：你已经有准备了，然后呢？

YL：我感觉自己没有那些纠结和紧张了。

Eva：如果现在你就要带着这种状态上场，你是什么感觉？

YL：没有负担，直接上场。

Eva：请你感受一下自己的安心和放心。不用等到多年以后的游刃有余，当下，你现在就要上场，我们每次面对他人，都是上场。现在请你把这个状态放在你的心上，在这个状态中和自己多做连接。

YL：好的。

"总觉得自己准备得不够充分"，这就是"认为"惹的祸。处在当下，我们才能走在心路上，让内心瞬间豁然开朗，让自己"没有纠结,直接上场"。这是多么轻松自在的人生啊!

庆幸的是,人生不是单行道,不需要一条路走到黑。处在当下,一切都还来得及。你会发现人生只要没有了那些有问题的想法,自然也就没有了任何问题。

1-3 当下，活出真实的自己

有一次在心教练的演练中我督导一位教练 C，我问他："刚才的教练对话中你是否发现客户 Y 很紧张？"他说："我是觉得自己有点儿头皮发紧，因为我感觉客户并没有进入状态。"于是我请他将这个感受直接反馈给客户，看看客户会有什么回应。

Eva：你感觉"客户没有进入状态"。试试看，如果落实"演好角色"（Stay in role）和"处在当下"（Be Present）这两个原则，你会怎样处理和回应？

C：我会和他说："今天我们是第一次在线上做练习，刚才我感到自己有点儿头皮发紧，也感到你似乎还没有进入状态，你觉得呢？"

Eva：很好，这就是在角色中保持自己的真实。为了在每个角色中活出真实，任何感受出现时，我们都要去观照自己和他人。要处在当下，不要忽略那些你感受到的发生和发现，可以适当地说出来。

1 处在当下（Be Present）

C：我觉得客户没有进入状态。

Eva（问客户 Y）：刚才教练说他的头皮有点发紧，感觉你还没有进入状态，如果他直接表达出来的话，你听了会有什么感觉？

Y：我的感觉是，他非常真实而且有力量，会让我更加信任他。

Eva：是的，了解。我感觉你们俩今天不太能连接上是因为教练 C 只是在做一个角色，你也只是在扮演客户的角色。虽然你们一问一答间似乎话题有所理清，但话题结束时，你并没有出现行动的力量。

这就是处在当下的真实的表达所带来的真实的力量。

要成为专业助人的心教练，需要长期练习"心脑整合"。

在这些练习中替换着不同的角色，就像是在真实的生活中每一次真实地面对自己。转换在各种人生角色中，就像是这场与客户进行的教练对话——既要在每个当下做真实的自己，也要理解对方的真实。

每个人每天都在变换角色，每个角色的任务都需要透过有效的对话来完成。如果在沟通中习惯隐藏心里话，那么在关系和对话中就会产生压抑，甚至言不由衷。

处在当下，生命状态应当是自然、真实和流动的，比如说

"头皮发紧",我们可以自然而然地说出来,也可以放在心里,但是不被干扰。

虽然人生总是在不停地变换角色,但是每一个角色背后都有一个不变的自己。如果人在扮演不同角色的时候能充分了解和理解自己为什么紧张,以及如何化解紧张,那么人和角色就会和谐而不冲突。

用心跟每一个人说话，
你就会有觉知。

2 建立同在
（Fully Contact）

建立同在是提升人与人之间连接力的关键；连接是人际关系与沟通中非常重要的感受；同在感则是亲密关系中最珍贵的连接状态。

♡ "觉知关系"是人类永恒的亲密关系

处在当下，我们会专注于眼前的人和事，这种全心全意当下的相处状态，就是具有同在感的"觉知关系"。

建立同在的状态是和自己与他人深度连接，不会心不在焉，也没有瞻前顾后、左右为难；对方说话的时候，我们会处在当下自然而然地专心、专注，不会去思考其他的人和事。

建立同在是一种深层的聆听，可以让我们听见对方没有说出来的想法和感受，对于人与人之间的沟通特别有效。

人的头脑很难长时间地处在当下，头脑中的思绪在正常状态下就是来来去去、非常忙碌的。你是否发现：明明是不需要

2 建立同在（Fully Contact）

思考的事情，人脑却常常会自动化地东想西想，使你无法专注于当下，也使你和他人的连接常常中断。

建立同在是和当下同在，这样的同在有助于我们自然而然地进入与人、与事的深度连接。比如你在炒菜的时候就专心地炒菜，这样的炒菜过程充满爱，会令你很享受；你在洗衣服的时候就一心一意地洗衣服，你和衣服连接，和你所做的每件事情都真正地在一起，而不是一边洗衣服，一边急着要去处理其他的事。

过这样的生活，你也就远离了三心二意、左右为难，幸福指数也会大大提升。

你和当下在做的每件事情都有连接感，这就是同在。

生命中做每件事情都处在当下、建立同在的生命状态是：专注、放松、轻易、理解、相爱、自由、喜悦、尊重、智慧……这些美好的追求不在远方，不在将来，而在当下，你自然而然地与之同在。

2-1　在情绪中和自己建立同在

有位学员 K 在课程中说着一位朋友的故事，说了大约 5 分钟，课堂变得非常沉默，只有她的声音。我问她："你刚才说话的时候，可以感觉到自己的心情吗？"她愣了一下："心情？""是的，你刚才在说话时候的心情。"她沉默了一会儿，慢慢地说："我觉得自己蛮紧张的。"

人在出现各种情绪的时候，通常跟自己的感受是失联的，很少有人在情绪中和自己建立同在，去跟自己的感受产生连接。

当 K 开口讲话的时候，我感觉她的内心是"卡住"的，是一种充满"紧张"的状态。但是她仿佛并不在意，她带着这个心情还是在不停地说话，导致和自己中断了连接。

一个忽略自己感受的人，常常也会忽略别人的感受。这样的沟通状态就会变得自说自话，也许没有人真正在听，即使大家心不在焉，她还是在一直地说。

当我向她提问，她就有机会回过头来觉察自己，并且发现

2 建立同在（Fully Contact）

当下自己和他人的关系发生了什么。

完整的生命是和自己不分离、不分裂。

人是如何跟自己时刻同在，保持连接的呢？无论在任何时候，当你发现自己出现紧张的情绪，就和"紧张"进行连接，和感受（情绪）建立同在（"三步觉察"）。

比如有的人在上台演讲前会变得非常紧张，但他对大家说"我现在很紧张"后，当下他就突然不紧张了。这就是和自己的感受建立同在。

然而很多时候，人是不和自己连接的。比如说心情紧张的时候，人并不关注自己的身体反应和当时心情的状态，也不知道紧张是怎么发生的。如果处在当下即时做做"三步觉察"，在紧张的情绪中自我觉察，就会增加自我了解。

如果你不觉察也不连接自己的身心，就会一直紧张，然后紧张的情绪就会渐渐变成一种无意识的行为模式。这个模式，我称之为"失联模式"，你会经常性地跟自己，也跟场域里的其他人失去连接。

如果你不清楚自己的心情和感受，同样地，你也不清楚别人的心情和感受。你不了解自己，自然也就不了解别人，所以在沟通和人际关系中充满着种种阻碍。

所以在日常沟通中，当你听不懂或者不想听的时候，就直接提问，不要拖延感受，否则你和他人之间就渐行渐远了。

面对这种情境和关系，如果你不即时处理和回应，就会在不知不觉间产生更多莫名的情绪，然后日积月累，变成"失联的生命模式"。

当你习惯跟自己失联，就有可能习惯跟所有人、所有关系失联。

人和人在一起，如果习惯不连接，形同陌路，这样的在还不如不在，不是吗？

有很多家人，在一起但不同在，他们的心无法同在，天天见面却感觉相隔遥远，因为他们一直在延续着彼此失联的生命模式。

此刻，我继续问K：

Eva：你觉得和大家真实的连接重要，还是你说完自己的故事重要？

K：听了老师的这番话，我觉得整颗心都松开了。我很开心，觉得自己变得自在了。

是的，无论是人心还是人性，每个人都渴望与人真实地同在，彼此真心地聆听，真正地在一起。

知行合一，时时在每个当下，放下念头，感受他人。

2-2　轻松做自己

有一位高层领导 ZY 跟我说:"我想在领导和权威的关系中获得自由。平日里我跟权威关系的互动很自在,但每次要在高层会议上发言,我就会很紧张。"

我请他先感受自己的紧张,和自己的"紧张"建立同在。在这个过程中,他发现他在意的是领导会如何评价他的临场表现。

Eva:你感到"紧张"。好的,此刻,我们来感受一下这个"紧张"。(和感受建立同在)

ZY:我感受到不只是紧张,还有"很在意"。我在意自己的发言表现得如何,别人又会怎么看我。如果主管在,我会更在意。

Eva:嗯,你很在意。自己表现得如何,是每个人都会在意和关注的。大家也都在意主管怎么看,自己表现得怎么样。其中有一个事实是你平时的表现如何,这是你已经表现出来的。你在其他工作场景中所展现的,主管都看在眼里,对吗?

2 建立同在（Fully Contact）

ZY：是的。

Eva：那么，关于你的表现如何，主管对你的看法如何，已经是事实了，对吗？

ZY：是的。老师您这么一说我又有个发现：我其实不用太在意在某个特定的场景中求表现。

Eva：很好。我们来感觉一下，当下你有一个发现，这个发现给你带来了内在的自由，使你可以自然地呈现真实的自己。你感觉到了吗？

ZY：感觉到了！当我特别想在某些场景里求表现，又很在意主管的想法时，我就有了很大的限制，既不自由也不自在。但当我把这些放下了，我就自由了！确实像您说的，我平时和主管的互动，包括一对一的交流，主管对我的表现都是很认可的，也都看在眼里，他其实是很清楚和了解的。

Eva：很好啊。我感觉到你有一份自信、放松和自在。恭喜你！

ZY：此刻我又发现，在那些特定场景我所出现的那些感受，其实也是因为我有了"比较"的念头，是它勾起了我"紧张"的感受。

Eva：这是你对大脑很好的发觉，对吧？

ZY：是的。我现在连接到的是全然地做自己，也连接到了那份自由。

Eva：太好了。很高兴今天和你的这一段对话。你渴望自己能够自由地表达，刚才我发现，你的自我发现、自信和自在已经让你自由了。今后，我们可以让自由在所有的场景中自在地发生。

其实在平常的工作中，ZY 有很多和领导交流的机会，他的表现已经获得了大家的赞赏和肯定，但是当他需要在某些特定场合发言时，他会特别有"求表现"的想法，是这个想法让他患得患失，变得特别在意别人的比较和评价。

经由心对话，ZY 发现求表现的期待感并没有问题，有压力的是他对自己的比较和评价所带来的压力。他意识到，如果只是尽自己所能地展现自己的实力，没有患得患失的心态，他的表现是完全没有问题的。

是的，当我们与自己的内在发生建立连接与同在时，就会对自己产生更多的发现和了解。

那么，建立同在使 ZY 收获了哪些自我了解呢？

第一，他发现了情绪背后的事实：他希望自己被领导肯定，事实是他已经得到了。

第二，他发现了自己的心态中有哪些会造成紧张的观点和比较：这使得他很轻易地放下了那些自我评价和比较。

第三，他发现了无限大的生命力：他完全可以在领导和权威关系中自由地做自己。

这些珍贵的发现都来自与情绪建立同在的力量。

大多数人并不知道如何与自己的感受建立同在，他们习惯否定自己的感受，压抑自己的情绪。在大部分的时间里，他们总是陷入思维，而限制性的思维常常带来干扰性的情绪。

所以他们总是在探索过去或是思考未来，这些使得他们的内心常常紧张和不安，也因此无法看清当下的情绪和压力是如何发生的。

而建立同在的重要作用，就是使我们在"人我关系"中没有分离和焦虑感。

2-3　心内的同在

有一位成功的创业者 FF 对我说：很少有人能了解我，我害怕自己会孤独终老，我不知道自己还能撑多久……

于是我和他进行心对话，我们先和"撑"建立同在。当他的内心和自己建立连接和同在时，处在当下的他感受到了自己内在的松动和慈悲，也看清了现阶段所处的生命状态。他说："我一直在影响和启发许多人，我看见自己的生命有很多的觉知和绩效，这些发现给我带来了开心、喜悦和继续前行的力量。"

生命这股力量的变化是如何产生的呢？

在与他对话时，我们通过深度连接建立了一种深层而美好的关系，我专心、专注地跟随着他内心情感的流动。这是一种全然聆听与深层回应的状态，使得我们之间的关系变得单纯，沟通变得深入，我们之间的了解和连接在自然而然地流动。

Eva：你说很少人可以了解你，那就让我来多了解你

2 建立同在（Fully Contact）

一些。

你说不确定自己能不能撑下去，这个"撑"是什么感觉？你现在还有"撑"的感觉吗？

FF：有的……

Eva：好，我们来感同身受这个"撑"。请你先放松，把注意力都放在自己身上。

现在请你转向内观：当你感觉在"撑"的时候，是有场景、有关系、有人、有事情……现在，我们再回到你的内心，和这个"撑"深深地同在。

你看见这个"撑"的感觉又出现了，你感受到自己正在"撑"着。假设没有任何人和事，只有一个在"撑"的感觉，你对这个"撑"产生了很深、很强的同理心。这个时候，你有什么感受和发现？

FF：我感觉我深深地看到了自己现阶段的生命状态。抛开那些人和事，当我看着自己一直处在"撑"的状态时，我产生了"接受"自己的感觉、一种很深的自我接受……

这个感觉让我的内心开始松动，想要接受现状，想跟自己好好地在一起。然后，我感觉生出了慈悲心。

Eva：嗯，慈悲心……我们再和这个"慈悲心"建立同在。你渴望过怎样的人生？从慈悲出发，你看到的生活、生命、生涯是怎样的？

FF：内在是安定、喜悦、自在的。外在有一群志同道合的伙伴，彼此之间互相理解，互相点亮，互相支撑。我跟他们有能量的互动。

Eva：嗯，这是你心中的渴望和理想。现在，你完成的是什么？

FF：在不同的阶段我都有过这样的体验，只是程度不同。目前，我觉得喜悦的部分少一些，接纳的部分正在增加。

Eva：嗯，你最近的喜悦是什么？

FF：最近当老师认可我的时候，我感觉自己是有意义的，是开心的。因为我的能力提升后，就可以影响更多的人。

Eva：是的，你影响和启发了很多人，你看到了自己的觉知和绩效，所以你很开心。

FF：是的。

Eva：恭喜你，你现在所处的圈子就是觉知和绩效的圈子。你要不要跟我们一起变老？虽然我已经老了。（大笑）

FF：非常需要。您的生命状态是我非常向往的。

Eva：那么，你现在有了人生的方向，有了生命的意义，也有了理想的生活和共同的圈子，对吗？

现在，你还会恐惧孤独终老吗？

2 建立同在（Fully Contact）

FF：好像好了很多。(大笑)

Eva：是的，你好像没什么机会孤独终老了。(大笑) 现在我对你更了解了，你喜欢这样的体验和真诚关系吗？

FF：原来人与人之间的了解和被了解，并没有想象中那么难。

心对话，重要的是彼此心内的同在，用心感受对方的聆听状态：彼此的心流是否同频共振？

建立同在必须处在当下，没有纷纷扰扰的念头阻碍在彼此之间。你会一心一意地关注对方、感受对方。这样的了解和对话会自然而然发生和发展。

如何建立同在呢？

心对话是非常有效的。心对话不是对立式的谈话，也不是自说自话，而是聆听、提问、回应、深度聆听、深层提问；它是有效的提问，促进了醒觉与反思，使得双方都处在心流之中。

在这次的心对话中，我增加了对FF的了解，FF也在对话中看到了自己本自具足的人生方向、生命意义、理想生活，还有我们共同的圈子。这些都是有效对话带给我们的彼此之间真实的了解和理解。

每个人都喜欢与人深度连接、深层了解，透过心内的同在可以发展关系的深度，进行深层对话、深层聆听、深层交流。

2-4　连接你的天赋热情

有一次，我辅导学生 YX 探索生涯愿景和天赋热情，是关于生命意义、此生为何而来。她说这个问题她已经思考了大半年，但还是感觉不太清晰。

我请她把这个"渴望清晰"的需要从额头带到胸口，不去分析可能或不可能，只是去体验，从内心建立连接和同在，从心中去看见她所渴望的、理想的、美好的生涯愿景图像里有什么。

YX：我看见有家人的陪伴和照顾，有自己喜欢的工作，这些是我所渴望的。

Eva：好，现在我们从这个渴望向前走，你觉得需要通过什么行动来实现这个渴望？

YX：先找一份让自己很投入、充满热情的工作，从做自己喜欢的事情开始。我喜欢单纯助人、没有纠葛的工作。

Eva：我想更进一步地了解，单纯助人对你来说是怎样的状态？当你感受到单纯助人和热情的关联，这个发现对你来说有什么意义？

2 建立同在（Fully Contact）

YX：虽然我还不清楚自己的天赋热情，但每次帮助别人，我就觉得自己的生命是有意义的。所以如果只是单纯助人，我完全不需要头脑的介入，也不需要关注利益得失的分析，只是单纯地去做就好。这么看，单纯助人就是我的天赋热情。

Eva：对于要不要换工作，此刻你关心的是什么？

YX：这个现在好像不是问题了。我在意的不是换工作，而是我真正的天赋热情是什么。现在，我明白了什么才是我要去关注的行动。

人的内心里其实有清晰、有梦想，常常也有很多的混沌。

每当发现裹足不前时，我们可以透过心对话来理清自己的纠结和渴望。我跟她继续进行建立同在的心对话。在对话中，我引导她与自己"单纯助人"的热情建立深深的同在。

当她清晰了自己的天赋热情，那么当前还需不需要换工作呢？

是的，当人清晰了自己的核心价值观，所有的行动就会自然而然地整合。我们通常不会透过头脑的分析和判断来获知自己的生命愿景和天赋热情，而是透过与心连接的对话。

当我在对话中用心聆听她的心之所向，并引导她和自己的内在热情建立连接时，当下的她自然而然就明确了什么是具有生命力量的人生目标和行动。

3　用心聆听
（Awareness Listening）

有人说真正做到聆听很难,用心聆听更难,因为这是关于心脑合一的修炼。

真正的聆听有以下三种状态。

第一,不会打断对方。在聆听中不会打断对方,是因为你真的在听,而不是急着想说。

第二,不会假装在听。虽然你的目光注视着对方,好像是在聆听,但其实你一边听,一边脑子里在想着其他的事,这就是假装在听。

第三,不会选择性地听。在聆听的过程中,你是否会选择自己想听什么和不想听什么?如果你有自己认为重要的,也有认为不重要的,你就会心不在焉地听。

不符合以上三种状态的,都不是真正的聆听。

用心聆听是在聆听中处在"心流"的状态:聆听的时候,你不仅能听见对方语言中表达出来的意思,还可以听见他内在

3 用心聆听（Awareness Listening）

的心声。

用心聆听需要处在当下、身心同在，在聆听时没有进行自己的思考和分析。

修炼这个核心能力能让我们在行动中保持觉知的状态，让头脑可以自由选择，随时关机，就像可以轻易把手机关掉一样，我们可以让自己暂时不接收任何讯息，不被打扰。大脑也是如此，当大脑关机后，我们的内在开始处在安静、安定、专注、专心的状态，不受打扰，用心聆听。

用心聆听会化解关系中的冲突，促进有效能、有意义的沟通，发展人与人之间的深层连接，对于所有人（尤其是领导者、教育者）都是非常重要的生命胜任力。用心聆听可以使你的头脑自由，你可以在需要思考的时候有效地思考，不需要思考的时候大脑就随时休息，这是一种生命极大的自由。

人生中，所有烦恼都和你的想法有关，所有限制也只是你的想法而已。如果我们的思想能够自由自在不惹烦恼，这就是美好的生命状态了。

善用"处在当下""建立同在""用心聆听"三个能力，你的人生会如何？

处在当下，你会身心放松，不再瞻前顾后，没有想东想西，瞬间没有恐惧，只有安心。

建立同在，你会和各种关系强连接，人人互相了解和理解，没有冲突和对立。

用心聆听，你的大脑会处在安静和自由的状态，不再误导和强干预，你会经常体验"心流"，轻易听见自己和他人内心的声音。

如果我们无法真正听见他人，那是因为我们太需要他人来聆听我们。

不是『别人为什么伤到了我』，而是『我为什么伤到了自己』。

3-1 聆听当下的力量

有一次，学生 SQ 和我说："我常常觉得有一种阻碍让我的内心无法流动，这让我非常难受。我记得有一次我跟老师拿了个垫子坐在教室的地板上，HX 同学看到后搬了两把椅子走过来说'地上凉'，当时我和您出现了截然不同的反应：您站起身很自然地就把垫子撤了出来，坐到了椅子上，而我抬起头想跟她解释'没问题，我们可以坐在垫子上'。

"刚要开口，我就意识到我为什么需要说这个，难道我是想让她再把椅子拿回去吗？其实不是，但我不太理解，自己当时为什么会有这个下意识的反应呢？"

Eva：是的，这是内在意识很细腻的醒觉。瞬间在你、我、她之间你有了这个发现，你想要探索自己在当时为什么会出现那个下意识的反应。

SQ：是的，老师。您当时非常自然地立刻站起来，敞开怀抱去迎接了这份善意，您是自由的；而我跟她当下是没有连接的，我是有制约的；这导致我在她的善意面前竖起了一道屏

3 用心聆听（Awareness Listening）

障。这是不是说明我有时候会试图制造一些屏障，影响这个宇宙、世界，影响人们对我的爱、照料和给予？

这也让我同时想到我跟弟弟的关系。我留意到自己似乎经常回避跟他对话，甚至会刻意地转身走开，这种回避交流也是一种关系的阻碍。像这种情况我是有意识的，但前面那种我当时是无意识的。我是不是已经有了这样的心智模式，或者说是一种内在机制？

Eva：你觉得你跟自己的关系，或是你跟别人的关系中，你最关注的是什么？

SQ：就是连接，我关注能不能连接到别人。我是个意义导向的人，连接的程度可以很大、很强地支援我。如果我和别人能相知相识，我能理解对方，心中的感觉就会特别好，这可能是我保持自己心力的一种方式，其他的都驱动不了我。

Eva：嗯，在你的心中，你的生命中，你很重视和关注的是"意义"。现在我们一起感受一下你的内在生命：在你心中流动着强大的意义，这是此刻我们的连接，相知相识，你说你充满了心力……

在这里，你还有什么阻碍吗？

SQ：其实没有。

Eva：嗯，是的。当我们看见曙光和水面，它们不可能停止，太阳一直在升起，所以你说其实没有阻碍。

好，这是你对自己的探索和发现，这里有体验、有陪伴、有连接、有相知相识。现在，完全没有阻碍。此刻，我想请你分享一下你的心得。

SQ：我刚才很受触动。

HX拿椅子过来的那一刻，我没有处在她拿椅子过来的那个当下。我刚才说的"人跟人之间的连接"，其实不是我跟另外一个人的"小我"，而是我跟另外一个人的"大我"之间的连接。我很喜欢与人的相知、相遇、了解，了解那另外一个终极自我。所以在HX拿着两把椅子向我们快步走来的那一刻，我没有跟她同在，以至于她敲了一下我世界的门，我还是没有跟她在一起。所以我的意识之光，其实并没有关照全场。我要让这道光升起来，照到人间所有的角落。

Eva：很美的发觉。

SQ：从这个角度来说，我明白了我跟弟弟的对话必定也是有其深意的。我在老师的陪伴和引导下，看到了这一份理解，一个自然的我有了明确的流向，这个结果其实蛮让我意外的。我很享受这个当下，享受这种对当下的体验、对当下的坚持，以及自我对生命本质当下意义的投注。

Eva：是的。镜子不会添加色彩，心镜是让人照见本来的

3 用心聆听（Awareness Listening）

面目，而不是大脑的添加物。

SQ：我还有两个发现：第一，过去在每一个当下获得重生，当下是通向所有问题的最好入口（当下是四通八达的）；第二，老师是一个知道秘密的人。

Eva：很高兴能与你相知相识。（笑）

当我们处在当下，用心聆听，就会有很多深刻的觉知让彼此的对话像水一般清澈地流动，然后会有许多内心深处的探索促进生命自然而然的醒觉和整合。

每个人的生活里都有许多令人费解的故事，你也不清楚为什么自己总会产生那么多的情绪，为什么不能和家人好好相处。大脑中总有很多莫名其妙的想法，每天挤满了人物、事情、心情，但就是说也说不清楚，想也想不明白。

对话的时候，如果你从每个人说的故事内容去听，就会陷入大量的大脑无意识，那些内容通常来自观点、认为、情绪，就像是海岸上的浪花，瞬间就会化为泡沫。即使你很想用力地抓住它，费力地看清楚它，结果也往往是徒劳无功。

在对话中，只有用心聆听，才能从脑海来到心海，从表层的困惑来到深层的了解。

1. 用心聆听会陪伴他/她深深地探索：他/她的渴望、困惑以及生命最底层的智慧；聆听者会自然而然地有如上善若水般进行深层回应。

当对方的思绪卡住的时候,心流会引导着他/她,像是"柳暗花明又一村"。这就是用心聆听中深层回应的力量。

2. 用心聆听是深度的静心。

大脑完全静下来,全然地跟随对方,使得聆听的深度在当下自然而然地出现,实时回应也会变得越来越深刻。每一个提问都会非常有效,处在当下的对话只为了呈现生命本能的清晰。

3. 用心聆听是一种无我的状态。有如镜子一般安静的存在,任凭众生来来去去,每一回都只是单纯地照见对方,使他/她当下清澈地看见自己。

4. 用心聆听会传递强大的心能量,使他/她当下回归本心,大脑自然地安静下来,从头脑对故事的分析和评断转向安定和安心的力量。内在的安定可以直接化解阻碍,体验当下的智慧和内在的醒觉,清晰生命的真相。

当你害怕而不敢去爱的时候，你就已经失去了。

3-2　聆听与生命整合

有一位学员 LJ 来和我谈如何进行生命整合。她说:"老师,我觉得自己有很多束缚,也有很多限制。我想让自己更加绽放,活出内心真正想要的样子,但是每当我想活出某种状态时,我周围就会出现太多太多的束缚,让我觉得害怕,不敢迈出那一步。"

Eva:束缚,是指什么?

LJ:我看见了三个元素:第一个是"我想做什么就做什么";第二个是"不用在意家人,特别是爸爸、妈妈,还有老公的话";第三个是"不用考虑经济因素"。

Eva:你说"想做什么就做什么",是指你想做什么呢?

LJ:我想去参加义教,去做公益。我想非常实际地点对点地帮助别人,而不只是单纯捐款什么的。

Eva:你现在所做的事情里面,跟这个渴望有关的是什么?

LJ:例如,在企业里担任教练,点对点地捐款和帮助孩

3 用心聆听（Awareness Listening）

子……但是我觉得这些远远不够。还有刚才我提到的三个元素里面，是因为我特别在意家人的意见，尤其是他们的反对意见。以前我在意父母的意见，现在我还要在意老公的意见。其实，我现在有很多事情都是瞒着他们做的。

Eva：嗯，我了解，你们彼此的意见不同。

LJ：可能是出于世俗原因吧，我不可能抛弃女儿和妻子的责任，自己跑去做义教，或者不顾及他们的想法做事。但另外一方面，每当我瞒着他们去做一些事情的时候，我的内心就会非常自责、非常不舒服。以前只要我们意见不同，我都会放弃自己想做的事情。

Eva：你的家人跟你的意见不同，你的理想是要单纯地助人。在这样的现况中，你希望今天通过对话可以实现什么？

LJ：我想去除内在的那个"卡点"。我知道，家人和先生的意见背后可能是我的限制性信念。是我对权威的特别在意让我没有勇气去做自己想做的事情。

我想去除对权威的"卡点"，这是我的渴望。我觉得这个"卡点"如果去除了，很多问题会自然而然地消失，我也就不再受到干扰了。

Eva：不受干扰……所以你对自己的发现是：他们的意见会干扰你，因为在你的内心有一个权威，你觉得权威给你带来了限制。

LJ：对。他们只是一种权威的代表，包括我在做其他事情时也会把权威放在神坛上，他们说什么我才有勇气做什么，他们不说我就没有方向……是这种感觉。

Eva：你刚才提到"勇气"，你说勇气可以让你穿越这些权威，去做自己想做的事情，是吗？

LJ：我觉得"勇气"是其中的一个答案，但我不知道是不是单靠这一个答案就可以让我穿越权威。

Eva：你的内心有权威也有勇气。现在你渴望的是勇气，所以我们来连接勇气在你内在的什么位置……我请你感受一下，你曾经经历过的自己的勇气，请把手放在那个位置。

（LJ把手放在了胸口。）

现在，你跟自己的勇气连接了。请感受一下你的勇气，感觉勇气的力量……对于勇气你是熟悉的，你坚持要做你想做的事，你也想用勇气来穿越权威。在你身边有一些人，你说他们的意见代表权威。此刻，在你的内心，你就是勇气。现在我们一起感受一下，当我们跟勇气同在的时刻，我们会怎么面对那些不同的意见，那些来自你的先生或是你的父母的不同意见，请你问一问你的勇气。

LJ：我觉得这个勇气好弱小，特别特别弱小，就像三棵

3 用心聆听（Awareness Listening）

小草，面对着厚厚的铜墙铁壁。

Eva：从内在来看，你的内心中，勇气正在长大，小草也在长大，你在呵护着它们……我们看看勇气是怎样成长的。

LJ：首先，我感受到的是要关注，需要更多地关注和看见（勇气）。

Eva：嗯，你想要更多地关注和看见勇气。现在，你正在更多地关注和看见，请看一下它现在长得怎样了？它跟你有什么对话吗？

LJ：是啊！此时它长成了一盆有花朵的兰花，它正像兰花一样绽放。

Eva：这是你渴望的生命绽放。此刻有花盆，有绽放的生命，如果你想去做一件你真正想做的事情，会是什么呢？

LJ：我要直面爸爸、妈妈、老公，去和他们对话。

Eva：你的心力正在绽放，你的生命力是如此地坚定。

你会怎么跟他们对话呢？在坚定和勇气中，我想看看你们的对话，你会有什么发现？

LJ：我发现其实很多事情是我自己的问题。我会言简意赅，坚定地向他们表达我的想法和我的做法。不管他们说什么，他们的声音都不会再影响我……但是此刻，我的内在又有一个声音出来："你怎么这么不负责任？"

Eva：那就问一下你的勇气，再问一下你坚定的心力，看一看不接受他们的意见和不负责任之间的关系是什么。是不是完全接受他们的意见就等于负责任？问问你的勇气，还有绽放的生命，看看你的内心怎么回应。

LJ：此刻，我的勇气还不足以坚定到完全不要那个责任。

Eva：喔，是谁在说"完全不要那个责任"？

LJ：啊，是我的大脑……

Eva：嗯，你的大脑突然说"完全不要那个责任"，而你的内心是说"我要坚定地直面自己，不受干扰，尊重自己也尊重权威"。这是两个不同的声音，这是不是等于不负责任？

LJ：嗯，坚定地直面这些问题是我的心之所向，是我内心想要的东西，它不代表不负责任。（笑）

Eva：嗯，我了解，你很想做真实的自己，我看你笑得很开心，现在你的生命状态是不是更加整合了？

LJ：是的，我只是在做我自己真正想做的事情，而不是他们心目中想要我做的。这不代表不负责任，这其实是我对自己的生命和需求负责任，只是以前我有一个误解，认为做他们让我做的事情，让他们开心，才是我应该负的责任。

Eva：太棒了，现在你明白这是你给自己的限制。你知道这并不是不负责任，现在那个"卡点"还在吗？你的感觉

3 用心聆听（Awareness Listening）

如何？

LJ：完全不在了，我觉得很轻松。

用心聆听是坐在心上的对话。

人的自我探索和发现都来自内心深处的智慧，我们不要去提什么建议和分析，只是透过内心智能的流动，对方就可以自己聆听到真实的答案，也能看见自己清晰的人生方向。

同时，用心聆听还可以化解关系中的冲突（也包含自己和自己之间的矛盾），能够促进有效能、有意义的对话，提升人与人之间的深层了解。对于所有人来说，用心聆听都是一个重要的生命胜任力。

用心聆听有五个步骤。

第一步：身体的聆听

当你需要勇气的时候，请你把手放在身体的位置（聆听身体）。勇气是内心的力量，当我们透过聆听身体来连接内心的力量时，会产生强烈的体感（身心相连，身心一体，透过聆听身体可以轻易地进入内心）。

第二步：重复感受

当人进入内心时，自然而然会有很多内心的语言。你可以用对方说出来的语言重复他的心情和感受，这样可以持续引导对方稳定地坐在心上进行对话。

否则，大脑的评判会随时介入，很容易就会切断心的流动。

第三步：及时回应

进行内在探索时会有很多自我发现（比如内在制约、渴望，或是需求），你要把这些发现即时回放给对方，帮助对方实时整合，增进自我了解。

第四步：有效提问

对话中的用心聆听是持续地"入心"、"听心"和"问心"。其中，"问心"是最直接、最有效的提问。

问心就能无愧。你会心平气和，心安理得地去做自己最想做的事情。有效提问可以非常有效地觉察制约（比如发现自己和权威的关系）、化解干扰（比如认为自己是不负责任的人）。

就像刚才当我问LJ"这是谁在说话?"时，她立刻明白了这是自己的内在出现了两种声音，这份明白，正是生命中最珍贵的觉知。

3 用心聆听（Awareness Listening）

第五步：深层回应

深层聆听才能够深层回应。

"即时回应"，是对方当下说了什么重点，我就立即回放给对方，这样会有助于连接和聚焦。

深层回应是针对对方还没有说出来的话，我也能透过回应来引导对方更清晰自己、整合自己。

深层回应是"我有听见对方的内在此刻正在发生什么、渴望什么或是'卡'着什么"，我在那些正在发生的当下作出回应，对方就会有豁然开朗和深刻地进行了自我了解的感觉。

深层回应，是将对方想要表达但是当下又表达不清楚的部分清晰地说出来，帮助对方完整地了解和理解自己。

3-3 用心聆听，心力大增

学生 MQ 上课时哭着和我分享了她的故事。她说："从去年 6 月到现在，我觉得自己一直脑袋很重、身体很沉，我需要强化鼓励自己每天努力去上班，然后每天回家我都跟老公说我想辞职，不想进入那个环境，看到那些人。我觉得特别沮丧和挫败。在别人眼里，我一直是非常优秀的，但经历了公司发生的一连串事件，我开始怀疑自己的能力，对自己失去了信心。"

我用心聆听她的故事，但并不跟随那些事情，只专注于了解她的生命状态。

Eva：嗯，我了解了。你说自己很优秀，对吗？

MQ：对，至少我觉得自己是优秀的。

Eva：是的，有很多地方证明你是优秀的。这几个月发生了很多事情，你有改变对自己的看法吗？你现在怎么看你自己？

MQ：其实我没有改变对自己的看法，也没有停止继续向前。其他人担心我是不是会沉沦下去，但我觉得这不过是他们

3 用心聆听（Awareness Listening）

的担心。我觉得我的初心没有改变，只是我的情绪一直很不好。

Eva：主要是什么情绪呢？

MQ：应该是沮丧，我觉得自己很傻。

Eva：好的，请你待在"沮丧"的感受里。有许多事情过去了，你说的那些人现在也不在此地，此刻这里只有你和你的沮丧。（建立同在）

你正在感受、聆听这个"沮丧"，公司中有些事情发生了，其他人不了解，但是你了解自己，你也肯定自己……此时，你有什么发现？（用心聆听）

MQ：我不明白我为什么要沮丧呢？其实我还蛮自豪的，我能扛住压力，解决好问题。

Eva：是的，你是优秀的，你对自己的表现是满意的，所以除了沮丧，你还看见自己其实是自豪的，能够承担、处理这些事情的发生。（实时回应）

如果从这个"自豪"出发，我们也超越了沮丧。你现在对自己有什么期望？接下来，你想去工作吗？（有效提问）

MQ：老师，您教导我们关于"3P模式"，即人（People）、角色（Position）、绩效/成果（Performance）之间的关系，当时让我有一种醍醐灌顶的感觉！

在组织中，人常常要扮演各种角色，我觉得我应该先把底层的"自己"这个人做好，再把角色与人的关系理清，看清人是怎样的，各种角色对我的期望又是怎样的。我觉得我应该支援我团队中的人，他们每个人也是在扮演工作中的角色，而我的角色是关照团队成员。他们除了工作角色还有其他角色，我不能只是一味地要求他们只待在工作的角色中，这是我期待自己能去做到的。这样一来，团队关系会发展得更好，大家的身心也会更加愉快。是的，我想要去关照他人。

Eva：很好！你在关注人和角色的关联性。你意识到每个人要扮演很多角色，你想在你的团队中实践关于人、角色、成果的模式。那么第一步，你具体想做什么呢？

MQ：我想召集新团队成员做相互连接，提出"快乐工作、快乐生活"的理念；我想从高效会议开始建立连接，对于绩效不好的员工，我想要更多地倾听他们内在的心声。以前我太着急，看到绩效不好心中就有怒火。现在，我要关照到他们作为一个人的需求，让他们一点一点地进步，这样大家会更好。我想好了，我要与老团队告别，与新团队建立连接。

Eva：太好了！我听得好感动啊！你将会在组织变革中践行一系列用心的行动、规划、告别，重新开始你的新生涯。关于新的工作和角色，你现在的感觉如何？

3 用心聆听（Awareness Listening）

MQ：我觉得自己的能量大大提升了，像外面的阳光一样温暖。同时，我也有了力量和信心去面对他们。

从以上对话中你是否也清楚了，用心聆听与有效提问可以直接让人的心力提升。生活、工作、关系，人生的方方面面都能借由心力提升而达到绩效提升。

用心聆听是关注"事"的同时关注"人"。当对方诉说心中的故事时，聆听者在话题中跟随什么和不跟随什么很重要，掌握对方语言中的关键词是关键。

好像是万花丛中过，片叶不沾身。用心聆听时，你有机会在觉知中聆听、回应和提问，体验如何轻轻松松地将人生种种冲突的问题化繁为简。

4　醒觉提问
(Awakening Questioning)

♡ 问有意义的话题，唤起对方醒觉

如何问有意义的话题，唤起对方醒觉？我们可以针对生命的渴望或制约来提问，促进对方深入探索与反思，透过提问引导对方打开心、打开思维，深入自我觉察。

人与人之间需要有效沟通来发展和谐关系，化解冲突，建立共识。通常，关系中的很多问题和沟通不良有关。

有效沟通的关键在于良好地聆听及有效地提问。醒觉提问可以快速转化限制性思维，促进意识醒觉。

醒觉提问在人际沟通中具有快速绝佳的引导力和影响力，能促进他人的反思和深层探索，更能看见问题背后的真正问题。

醒觉提问会让人豁然开朗，眼前一亮，有一种恍然大悟的感觉。之前怎么想也想不通的问题突然就拨云见日迎刃而解

4 醒觉提问（Awakening Questioning）

了，这就是在提问中醒觉的价值。

醒觉提问可以让人轻易转念。原本还被很多想法困扰着，瞬间在醒觉中有一个提问，让人跳出重重思维制约，体验到"啊哈"般的轻松。然后你清晰了，想开了，从否定到肯定，从不可能到可能，破涕而笑，一扫阴霾。

醒觉提问是问心。

从问心情到问心智和问心声，无论是问自己，还是陪伴他人理清人生种种困境，在醒觉中提问都是良好沟通的高峰体验。

醒觉提问是一种非常好的引导，可以促进深度对话与反思。

醒觉提问和前面所说的处在当下、建立同在、用心聆听三个能力息息相关、环环相扣：处在当下才能真正与人同在，建立同在是透过连接真正地聆听；用心聆听才能在心上提问，听见对方内心的需求；醒觉提问是在对方的需求或是制约上提问，促进对方醒觉。

经由醒觉提问的引导，对方会当下醒觉，发现自己心中早已有的答案，因此不再需要其他人的建议，他会在内心中听到自己想要立即去行动的答案。

♡ 读人、读心、读能量

读人和读心，是我每天都在做的生命教育。透过阅读生命本身，不间断地聆听内心的智能（能量）。

读人、读心、读能量，是我每天必做的三件事。

读心是问心的前提，最有效的提问是问心，所以听心和问心是需要勤练的功夫。

听心和问心是超越思维与情绪，直接去听内在的心声。

我做心理辅导的那十年，接触的来谈者都是心怀痛苦的人。聆听那些人的生命创伤时，我常常在想：人为什么受苦？这些内心的苦，究竟是所为何来？

♡ 清晰受苦的根源，才能真正离苦得乐

经历了40年的实修、实练，我最核心的阅读是关于自己这本活出来的生命之书，从了解自己到理解他人。

我确认了生命发展之道首重问心，问心无愧，真是太重要了。

问心是直达车，可以直接抵达各种问题背后的解惑。

问心可以让人醒觉，可以致良知，可以促进亲密关系，是人生中非常重要的核心能力。

从「你应该」变成「你觉得」，从「你必须」变成「我建议」，从「我想让你」变成「你想如何」。

4-1　对话如何不对立

在"人人心对话"的课堂上,我听到一个学生 WL 和先生的沟通过程。她说:"我先生看我很认真地学习,每天早有练、晚有课,他就问我:'你这么学有用吗?'我立刻反问他:'你是觉得没有用吗?那你倒是说说怎么个没有用呢?'他叹口气说:'像你这样练,唉,我是觉得人还是应该向内求。'我接着问他:'我也想向内求,你知道向内求怎么求,求什么吗?'他说:'这个我不知道……'

"至此,我们的对话戛然而止,完全继续不下去了。

"在生活中,我常常为这种对不上的对话而苦恼。"

这段对不上的对话是因为无效提问。无效提问会让人答非所问,甚至造成沟通的"卡点"。

我常听很多人说,聊着聊着就"把天聊死了"。

所有的沟通,如果投射自己的主观思维和评判,就无法表达出真正的意思,对话就很难"对上";有时对话变成了"对立",沟通也变成了"辩论"。

4 醒觉提问（Awakening Questioning）

Eva：当你先生问"你这么学有用吗"的时候，为什么你会回答他"你是觉得没有用吗"？你觉得这是他的判断，还是你的判断呢？

WL：对哦，为什么我当时会这么说……（沉思）我其实是想了解他问这句话背后的想法是什么。但是当我先做了判断，我就听不到他的真正想法了。

Eva：是的，很好，你发现真正的问题啦！

对话一旦进入对立状态，双方就会持续坚持不同的立场和观点，彼此会越来越难同频，更别想能达成共识了。

当 WL 的先生说"你这么学有用吗"，他的本意也许并不是认为学习"没有用"。还有他说"我觉得人还是应该向内求"，这句话表达了他的价值观，但也勾起了 WL 被否定的感受。

如果运用有效提问，我们来看看可以怎么提问呢？

如果有人问我：这样做有用吗？我会问他：你的感觉呢？你有什么期望吗？我想听听你的反馈，好吗？

醒觉提问会让人清晰地表达感受、如实地理解自己的观点，不批判、不对立、不欺人、不伤己。

醒觉提问和醒觉对话是促进生命醒觉的关键。

当我们透过提问让对方醒觉，他会说清楚自己的感受和看法，这是在促进对方完整地自我表达，并增进彼此之间真实的了解。

你说出自己的期待和需求，他也表达自己的困惑和好奇，这样的亲密关系就是透过醒觉在对话。

你担心的问题,是你自己的想法判断,还是真正的问题?

4-2　生命醒觉的关键

有一对企业家夫妻，他们各自有成功的事业，夫妻感情也很好，真是家庭事业都顺遂。

有一天在课程中，太太 MM 和我说："我最近有一个困扰，我有一个新的事业可能会和我先生的业务有关联，但我非常不希望把感情生活和事业搅在一起。有太多的案例告诉我这样的结果不会很好，这令我非常不安。"

听她诉说后，我感觉她很需要安心。我问了她关于人生中的未知、关于她和先生平日之间的沟通状态、关于彼此解决问题的态度、关于她对自己的信心和对先生的信心……

Eva：听了你的心情，我感觉你有一个希望是"求安心"。对于人生的未知，如果关键是你和先生之间的沟通以及解决问题的态度，你对自己有信心吗？你对先生有信心吗？

MM：关于人生的感知和智慧，我不如我先生。他是一个很有智慧的人，而且一直是他引导我去选择。他是一个很有内在力量的人，内心非常坚定，也给了我很多指引。所以，当老

4 醒觉提问（Awakening Questioning）

师问我这个问题的时候，我突然发现，我不知道我的担心是从哪里来的，好奇怪啊！

Eva：所以，你对他很有信心。

MM：是的，我对他很有信心，但我对自己没什么信心。

Eva：你对他很有信心，但对自己没有信心，那你可以跟他讨论这个担忧吗？

MM：嗯，我要和他沟通。是啊！我怎么没想过要跟他讨论呢？

Eva：当你们深入沟通，你就会清晰未来在事业上你们会如何紧密合作。其实无论是什么关系，彼此能坦诚沟通是关键，你可以把心里的感受说出来。事实上，他已经是你人生的合作对象了，对吗？

MM：是的。我突然明白我的困惑点在哪里了，如果我们的关系分开看我都能看见未来，但是当两个身份变成同一人时，突然我就看不清楚了。

这两个身份的融合让我有了不确定性……他们是同一个人，但这个人会跟我处在两个关系里面，两个身份分开看我很清晰……两个美好合起来，是否可以整合成一个共同的美好呢？

现在，我清楚自己的期待了！我要从这个期待出发去和他坦诚沟通。

有了这个发现，MM 准备立即跟先生好好沟通她的担忧，这是一个关键行为。当关系发生转变的时候，人会因为对未知缺乏安全感而变得患得患失，大脑也会趁机创造很多干扰。

有效提问和有效对话是促进生命醒觉的关键。

人和人之间每天因着各种需求而进行沟通。其中，最有效的沟通是以"需求"为导向的对话。而要真正了解人的需求，必须善于有效提问。

有效提问，是一条培养清晰者的路径，只有清晰者能看见问题的真相，读懂生命的全图。

大脑创造的种种『认为』，是我们痛苦的来源。

4-3　醒觉提问是问心

学生 AA 说她要"以己为师"。

Eva：你常说自己不清晰，现在你是自己的老师，当你发现自己不清晰的时候，你会怎么办？

AA：我会从这个"不清晰"中学习，采取一些行动，去学习和寻找答案。我希望能把问题清晰化，看看在这个过程中我可以学到什么。

Eva：请你分享看看，过去这 20 天，你有很多行动在寻找答案和学习。你有了哪些清晰？

AA：第一个清晰是，即便我的灵性不清晰，也不会阻碍我去做自己想做的事情。第二个清晰是，我全然相信灵性的存在。第三个清晰是，我看到了干扰我实现心之所向的"生涯"（工作），但我还需要有一些突破。此外，我还有一个不清晰的地方，那就是：既然我相信灵性的存在，那祂要如何跟我的心连接、转化、整合呢？

Eva：好，你刚才提到你看到了自己生涯的干扰和清晰，

4 醒觉提问（Awakening Questioning）

你说的清晰是指什么？

AA：要发力的方向是女性的成长和发展。身为女性，我的生命状态在哪里，我对于生涯这个主题的了解就会去到哪里。

Eva：是的，这就是心生涯发展的真谛。

你说渴望成就女性领导力。针对这个主题，你所了解的目前市场上的需求是什么？在女性领导力的学习方面，你的需求是整合心和灵，那么其他人的需求呢？

AA：我之前做过一些调查，聚焦的是年轻的知识女性。我想做一个整合，推己及人，把自己先活明白，做到后再谈领导力。

Eva：了解。我们在内心跟自己确认一下，你希望自己活明白，然后推己及人，这是你的心之所向吗？

AA：是的。

Eva：关于"活明白"，你觉得相关的行动是什么？现在你的目标已经清晰了，不是女性领导力，而是你自己的"活明白"。

对于这个心之所向，你觉得做什么可以让自己"活明白"？"活明白"的相关行动是什么？

AA：首先得真实地活，活在真相中，这是我最近在关系中面临的非常大的考验。

Eva：很好，你想要真实地活，活在真相中。对你来说，你所指的"真实地活"和"真相"是什么？

AA：诚实地面对自己内心真实的渴望，包括在关系中对自己真实的了解，对关系的了解，并且去直面自己的内心。

Eva：关于直面和面对自己的内心，你觉得目前做得如何？

AA：我正朝向活在真实中前进。我身边最亲密的人也在推动我要活在真实中，但是我有非常大、非常大的恐惧。

Eva：你说有非常大的恐惧，也说很渴望活出真实，在你的心中，你会跟随什么？（问心）

AA：老师，我从来没有过这么大的恐惧。此时此刻，当我想着去跟随真实时，那个恐惧马上就来了。那些放不下的、舍不得的、看不开的，就像无底洞一样笼罩着我。

Eva：嗯，你觉得当一个人如其所愿地活在真实、真相中，他会获得什么，失去什么？

AA：他会获得巨大的力量。

Eva：嗯，会获得巨大的力量。

好，让我们来跟这个"巨大的力量"同在。你有很大的恐惧，也有巨大的力量！我们一起来跟这两股力量建立同在，

4 醒觉提问（Awakening Questioning）

看看你的内心会如何整合这两股巨大的力量。

AA：我现在感受到自己被一层看不见的罩子给罩住了……我想跟那股真实的力量完全地连接，把恐惧的那一部分剥开……

Eva：好，这个恐惧的力量很强大，我们现在处在当下，直接进入你渴望的那个真实和真相，因为你已经知道什么是你的真实和真相了……看看目前是什么在干扰着你。

AA：关系呀，担心啊……

Eva：这个关系对你来说是什么？

AA：之前，这个关系对我来说是安全感，是我对安全感的依赖。如果要活出真实，活出那股力量的话，好像这一切的依赖和安全感就都没有了，一脚踏进去，我要面对的是全然的未知……

Eva：除了未知，你的已知是什么？你一脚踏进去之后会失去什么？是什么让你从"依赖"来到"一脚踏进去"？是有什么吸引着你吗，使你想要一脚踏进去？

AA：我相信，那里有真、善、美、幸福和开心。我会被这个能量吸引，想要跟它建立连接。

Eva：那么，那里有安全感吗？

AA：有的。

Eva：那你还缺什么呢？

AA：倒是不缺什么了。（笑）

Eva：现在，那个真实的力量和恐惧的力量，它们有整合吗？

AA：有的，我确定那里有我真正的安全感。

在对话中，问心的力量非常强大，常常发生神奇的"一念心转"。

很多时候人要转念很困难，怎样都转不过来，大脑总会被很多想法困住，但是一个直指核心的有效提问，就能瞬间发生转念，化解人内心困扰许久的情绪。

醒觉提问，是在对方的需求上提问，引导对方清晰自己的现况，了解自己的需求。每当对方左右为难的时候，直接问心会让他立即清晰自己想要的是什么。

无论是想帮自己,还是想帮他人化解人生种种困扰,关键行为就是善于『问心』。

5 觉察制约
（Conditioning Awareness）

持续提升前四个胜任力——处在当下、建立同在、用心聆听、醒觉提问，能够快速发展生命内在的觉察力。觉察是通往觉知的路径，觉知是迈向觉醒的路途。

生命中所有的发生，是否在发生时发现离苦得乐的真相，关键在于人的觉知稳定性。很多人长时间投入身心灵的学习，他们对于真理的语言很熟悉，也很会说。但是当内在觉知不稳定时，他们在生活和关系中还是有很多盲点和烦恼。

人要觉醒，需要先超越心智模式。心智模式会给人带来情绪的阴暗面和成长上的种种制约。制约是指你可以做到，却不知道为什么一直做不到，这需要你醒觉那些自己看不清楚的种种制约。

人的一生，所有的渴望都可以实现，重要的是发现哪些制约让你无法实现人生目标，这个能力就是觉察制约。

从心理防卫机制来看，人的内在制约常会转化成外在投

5 觉察制约 (Conditioning Awareness)

射。比如说，一个惯于自我否定的人总是认为别人在否定他，许多看法原本是他对自己的看法，他却会把这些看法投射到别人身上，认为这是别人对他的否定。所以人的许多判断和行为，如果是来自自我的投射，这些投射就会形成生命的制约。这时如果可以有一面清晰的镜子，就能时时照见那些深深影响你人生成败的投射和制约。

知善知恶的良知就是这面明镜。

♡ 觉察制约的能力，关键行为就是致良知

有人说："别人快乐，我就快乐。"这里有一个限制性的信念是，你的快乐和他人有关。

别人快乐，我就快乐；别人不快乐，我也不快乐。在这个信念里，人不知不觉就产生了许多莫名的烦恼。

一个不快乐的人，要如何让别人快乐呢？

人想要活得自在和自由，需要有觉察制约的能力。需要清晰的是，究竟是哪些想法或是什么信念限制了你本自具足的自由、快乐和智慧。

关于觉察制约，需要进入内在的"醒觉"。当外在的关系或是行为"卡住了"，人感受到自己被制约的时候，内心就像是进入了一个黑暗的空间，眼前看不见道路，还可能会被绊

倒，此时就需要内在的觉知之光，像是在暗室中找到开关，打开灯，让光进来。"醒觉"，就是那个开关。

觉察制约的能力，像是一个清晰者的人生不会掉入心智模式的盲点。不具备这个能力，就像是盲人摸象，对人生常有很多误解。

具体怎么觉察呢？

"三步觉察"是很好的醒觉练习。在每个当下，你都是自己最好的观察者，透过发现情绪、看清想法，进入醒觉。

我们的期待、渴望、定义、评判、情绪、感受，是这些决定了我们怎么看外面的世界。

5-1 不伤己，不伤人

在一次教练对话中，我听到客户 YY 反复地跟自己的教练说："我得不到家人的认同，他们都在扮演权威角色，这让我感到满腹委屈，充满着压抑的情绪。"

Eva：你说不被家人认同，你觉得真正的问题是什么？

YY：嗯……其实是我不自觉地想扮演权威。我把自己的权威看得太重，处处想强化"我是对的"。

我很希望每件事情我都是好的，都是对的，所以我一直在跟自己过不去。

Eva：嗯，所以你看清了关系的症结。你其实知道自己是在家庭中竞争权力，如果每件事情你都是对的，就有一个人，他必须一直是错的，是吗？你希望这样吗？

YY：非常不希望。我时时都想要和谐的关系，处处都渴望与家人和谐相处，但就是做不到。（觉察制约）

Eva：是的，你真正想要的是和谐的家庭关系，你并不想在关系中树立权威。那么，如何不树立权威呢？

5 觉察制约（Conditioning Awareness）

YY：嗯，就是不跟我认为的权威产生对抗的情绪。我发现每当我遇到自认为是权威的人，我就会立刻树立假想敌，把自己的权威先摆出来。

Eva：好，你不再树立假想敌，不对抗，也不批判。

YY：是的，如果生活中我没有对抗的人或是没有产生对抗的情绪，我会比较顺从，心情也会随和。

Eva：现在我邀请你向内看一下没有了对抗的自己。你可以树立权威，只是你很随和，你不对抗……

这样的看见，你的感觉是怎样的？

YY：我不对抗别人，别人也不对抗我，我没有了对抗的情绪，这个感觉很好。在关系中，我因为害怕不被认同，所以努力想树立自己的权威。比如在跟主管沟通时，我其实也会害怕自己不被认同，所以就不自信，产生了反抗心。

Eva：很好，你看见了真正的问题：你希望别人认同你，然后你就树立起了权威，是吗？（觉察制约）

YY：是啊！能看清真实的问题真好啊！

"需要被认同"是觉察制约中很普遍的课题。但这其实是一个伪命题，因为它不是相处中真正的问题。

YY强烈地希望自己被认同，然而事实是她先不认同对方。一个不被认同的人,是否还有能力再去认同对方?

她不认同对方是为了证明自己是对的,而她希望对方认同她,这才是真正的问题。

正念和妄念只在一念之间，爱和恐惧也在一心一念。

5-2　觉知无意识的状态

在"双十一"期间,学生 KK 每天晚上都在手机上看直播间里的网红带货,买得停不下来。她买了一堆打折的面条、袜子,还有门锁……看着自己这种无意识的购买行为,她突然觉得"好可怕"。后来,她对我说:"'双十一'那天,我规定自己不要再看直播了,但是到了晚上,我还是情不自禁地进入直播间,又买了一堆。"

她的疑问是:怎样才能不"剁手"?

KK:好可怕啊!我知道自己不是真的需要买东西,但我就是停不下来。理智上,我知道不能再上网去看直播了,但我就是控制不住自己,怎么会这样呢?

Eva:所谓"好可怕",是你对自己处在无意识状态中的一种感受,是这个无意识的状态让你震惊。

当 KK 发现自己处在无意识的当下,有一瞬间,她是有意识、有醒觉的,只是这个觉知稍纵即逝。

人的意识流动纷繁多变,时刻醒觉和致良知可以让人念念

5　觉察制约（Conditioning Awareness）

分明，在觉知中看清自己的起心动念。但是如果没有修炼醒觉，人在生活中就会处于一种睡不醒的状态，遇到的烦恼、压力、后悔、懊恼就会数不胜数。

醒觉，是从所有问题中真正地醒来。人如果能够稳定地处在当下，就能够稳定地与觉知同在。

5-3　突破制约，修补关系裂痕

学生 XJ 和我说："我在公司工作得不开心，很想离职。"

她之所以不开心，是因为自己在公司里不敢和同事说真话，担心说真话就会破坏关系。她说："我变得非常压抑，也无法接受自己的心理变得这么扭曲。"

虽然很多人说自己"不想，也不敢破坏关系"，但事实上，他们一直在破坏关系。

因为"不敢"使人无法真实地沟通和表达，而所有的关系都因为不真实的表达而遭到破坏。

XJ 认为说真话就会破坏人际关系，所以一直压抑情绪，结果直接对自己造成了伤害。事实上，理想的说真话是表达情绪时既不伤己，也不伤人。

人在情绪中通常很容易指责他人，或是讲一堆大道理。但是在情绪中，无论讲什么道理都得不到好的结果，于是就越讲越气。

真正的问题是那些日积月累的情绪，如果不敢讲、不愿讲

5 觉察制约 (Conditioning Awareness)

或是不被允许讲,当情绪积累到一定程度后,一旦讲出来,就会既伤己又伤人。

所以有情绪没有问题,真正导致问题的是情绪的如实表达和如何理解。

勤练"三步觉察"可以让我们在自己的情绪和观点中看清问题的真相,也看清自己和他人的关系中真正破坏关系的原因是什么,这是我们每天在日常生活中可以去修行的。

6 化解干扰
（Empower Inner Transformation）

♡ **人的内在制约会不断地给自己和他人创造烦恼和干扰**

有些人因为领导讲一句重话，他们的情绪就产生了很大的变化；或是配偶的一种语气，也会使他们的情绪立刻波涛汹涌。下班带着疲惫回家，看见孩子一直在看电视，于是情绪立刻就爆了……

这个世界这么多的情绪泛滥，人要如何明哲保身呢？

我常常感恩自己活在一片心内净土之中。

无论别人有什么问题，无论环境多么差，对于我的内在全然没有干扰。

我不念过往、不畏将来，没有恐惧、只有安心。这就是觉察制约、化解干扰的生命胜任力。

这样的生命状态我活出来了，我相信人人都可以这样活，活得安心自在，不被情绪干扰。

喜悦、自由、宁静、醒觉、智慧、和谐……这些美好的生命状态，你也可以活出来。

当然，这需要化解干扰的能力。

♡ 化解干扰就像是照镜子

当你站在镜子前面时，很容易看见自己安心的样子。

镜子不会留下任何人的身影，它是"万花丛中过，片叶不沾身"，全无干扰。人生的境界就是学习镜子的状态：千帆过尽水无痕，风风雨雨都不受。

化解干扰的生命胜任力是致良知的过程，从"有善有恶意之动"来到"知善知恶是良知"，在良知的光芒中，所有的干扰都会瞬间化为乌有。

6-1 觉察制约、化解干扰

学生 JJ 说:"我很想清晰地看见自己,走出自己的人生之路。"

我问她:"你想从哪里走到哪里?"她说:"我感觉现在还困在自己的迷阵里面,所以很想走出来,纵身一跃地跳出来。"

我知道,JJ 想要深入了解自己的生命状态和生涯发展,她需要清晰自己目前的工作处境并看清她的自我设限。

Eva:好,我们来清晰一下你的现况,看看你所说的"里面"是指什么,"跳出来"是指什么。

JJ:"里面"是指我还在恐惧中,"跳出来"就是我没有恐惧了。

Eva:所以,你想要从你的"恐惧"中跳出来。你说自己困在"恐惧"里面,现在,我们从你的里面看一看这个"恐惧",把它看清楚。

生命聚焦才能清晰,所以当下就只是细细地看着你的

6 化解干扰（Empower Inner Transformation）

"恐惧"……你看着自己慢慢地走进"恐惧"，再慢慢地走出来……你有看见吗？

JJ：是的是的，我又看到了……

Eva：好，你清晰地看见了你和"恐惧"的关系，在这里你有什么发现，或者有什么想分享的吗？

JJ：有的，我发现我的恐惧其实是我的迫害妄想。我有一个假设是"男性一定会伤害我"……我发现这个假设是我的大脑创造出来的。

Eva：喔，很好，这真是一个重要的发现！那么这个发现对你的人生目标来说有什么意义呢？

JJ：我觉得我已经走出来了……

Eva：恭喜你啊！你渴望的目标实现了，你从"里面"走出来了！

人要如何从自己创造的恐惧中跳出来呢？我请 JJ 闭上眼睛，向内看，在她所说的"里面"去看看她所说的"恐惧"，感受那个被困住的自己。

这个直面内在真相的过程，让她看清了自己内在的恐惧，以及她和这个恐惧的关系。她说她的恐惧出自"男性一定会伤害我"这个假设，而这个假设是由她的大脑创造出来的。

这个重要的发现让她瞬间看清了自己被干扰的真相。

生命的真相就像拨云见日，恐惧会突然消失，行动会自然而然，生命中所有的干扰，都是由内而外的。内在没有干扰，外在也就没有困扰。

　　人生中有许多烦恼，都是来自心智模式中的限制性信念。如果我们对这些若隐若现的制约缺少警觉，那么内在的制约就很容易给我们的生活、生命、生涯带来烦恼和恐惧。

带着恐惧的想象,都不是生命的真相。

6-2 致良知，心即理

一位 45 岁的女性 HH 来找我辅导。她说："有一天我给妈妈打电话说晚上要回娘家吃饭。当我回到家时，看到妈妈躺在沙发上看电视，并没有为我准备饭菜。我想到了妹妹每次回娘家时，妈妈都会很热情，准备丰盛的饭菜。那一瞬间，我感觉妈妈对妹妹更好，我觉得妈妈并不爱我，当时，我心里产生了很多情绪。"

Eva：为什么你会觉得妈妈给妹妹准备饭菜却没有给你准备饭菜就是不爱你呢？

HH：因为我希望妈妈也能为我准备饭菜，对待我和对待妹妹一样。

这些"受伤"是我自己的认为。现在我知道，我可以这样想，也可以那样想，爱不是自己认为，而是坦诚的沟通，真实的了解。

阳明心学著名的"四句教"说：无善无恶心之体，有善有恶意之动，知善知恶是良知，为善去恶是格物。

6 化解干扰 (Empower Inner Transformation)

这"四句教"一语道出生命要如何才能活得清晰明白。

HH对妈妈生出了"她不爱我"(失落感、有情绪)的感受,这来自她对妈妈的分析(比较、认为),是"有善有恶意之动"。

事实上,妈妈是爱她还是不爱,当人处在比较和批判中,就看不见爱的真相。

接着,她清晰了来自大脑中的"有善有恶意之动",即自己的种种比较和评判,也发现了自己的内心之所以会出现这么多的想法和评判,都和自己内心的期待和渴望有关。

期待引起比较,比较带来评判,评判产生失望,失望导致受伤——人往往在自编自导中被自己的种种评判所伤害。

爱或不爱?这是一个让自己和家人关系陷入二元对立的陷阱问题。爱进入比较,就不是爱了;爱是了解,不是认为和评判。

我们对爱的觉察和理解,来自"知善知恶是良知",是良知让我们清晰爱。

大脑的功能和运作一直都是"有善有恶"的二元对立,总有没完没了、是是非非、对对错错的各种念头出现,时而肯定自己和他人,时而否定自己和他人。

王阳明所说的"致良知、心即理",就是一个有觉知的清晰者的大脑。心即觉，当大脑与觉知同在，就是心脑合一，自然会为善去恶，可以化解干扰、离苦得乐；良知能够觉知二元、转化对立。

是致良知使大脑从"有善有恶"来到"知善知恶"，并且"为善去恶"，让大脑转化成有觉知的心脑。所以，良知是生命的智慧之光，是它照亮我们的生命状态，让我们平和而稳定。

如果需要世界上的人都来爱我,我才不受伤,那日子就太难过了。

6-3　心力不费力

学生 IC 来找我谈他的工作计划。他说："我在家里有了一些心教练的理论与实践,现在我想走出去看看,但我不知道怎么计划。"

心对话是一种由内而外的深层沟通,对话内容可以包含生活、生命、生涯的所有需求;心对话是一种处在当下有洞察的对话,可以觉察制约、化解干扰。

透过我和 IC 的对话,或许你能感受到心对话的能量。

Eva：你想走出去,采取行动,但是不知道怎么计划。在你熟悉的人当中,你觉得有人知道怎么计划吗?(运用支援)

IC：有的。

Eva：你和他们是什么关系呢?(了解现况)

IC：是我的指导老师,还有一起做这件事的人。只是那些人平时都是各做各的……我会跟我的指导老师讨论,虽然我还不太认可他。

Eva：好的,了解。所以你的现况是:经过一个月的时

6 化解干扰（Empower Inner Transformation）

间，你在家做了很多心教练的练习，现在你想走出去，拓展你的行动，发展"心教练"这门事业。你觉得这件事情需要好好规划，但是因为你没有经验，所以需要有人指导和参与讨论，而现在可以跟你讨论的人，他的做法你不太认可，你想寻找你自己的做法。是这样吗？（即时回应）

IC：是这样的。

Eva：既然这件事情暂时没有适合的人可以问，也许只能靠你去创造一套做法。现在，我们来问问你的内心，从内在的安定、安心和渴望的能量来流动，看看这个流动会引导你做出什么行动。（问心）

IC：我会更多地了解相关理论，在专业上更扎实，这样我会更安心、更有底气。

Eva：你想增加专业实力，这是由心出发的行动。这个行动是为了提升专业实力、建立信任。（即时回应）

IC：是的。

Eva：所以怎样才能提升专业实力呢？你会做什么？（促进行动）

IC：运用各种资料和资源。

Eva：如果专业是从 1 分到 10 分，你感觉自己现在大约是几分？

IC：4到5分吧。

Eva：如果要建立信任，你觉得需要几分？（确认目标）

IC：7到8分。

Eva：那么这3分的差距，你所需要的资料、方法都有吗？（了解现况）

IC：差不多都有了。

Eva：如果都有了，你觉得要用多长时间让自己达到你想要的专业状态？（促进行动）

IC：1到2个月。

Eva：用1到2个月的时间来稳定自己的专业，这是你今天想要的计划吗？

在接下来这1到2个月的时间里，你的行动是阅读、收集、分析和表达，这样的工作状态，你感觉一下，是你想要的工作计划吗？

IC：是的，这是我想要的。

Eva：那么今天，你想要确定的计划完成了，你还有什么其他的需求吗？（运用支援）

IC：我想利用业余时间学习，提升专业能力。同时，我也想走出去，和别人面对面地交流。

Eva：那么，你就用目前掌握的专业知识去跟别人交流

6 化解干扰（Empower Inner Transformation）

吧。你感觉一下自己跟别人交流的状态，看看你会和对方怎么说，你想跟哪些人进行交流。

IC：依照我现在的状态，当我跟别人交流时，一些表面上的东西我是能说的，专业的、更深的我就不知道了。所以我会找比较容易沟通、自己比较有把握的那些人进行交流。

Eva：走出去和这些人交流对你的意义是什么？

IC：我想知道自己到底能不能做到。

Eva：好的，当下，先感觉你的思考完全静下来了。当你说这些事、这些人的时候，感觉一下你的身心脑状态：你想出去见这些人，现在从你的心里去看一看这些人，他们是你发现的一群有需求的人，你在心中跟他们先建立连接，用你目前掌握的专业知识向他们进行说明，你看到自己可以说明白，说得通。

IC：嗯嗯，我有感觉……我看到了。

Eva：从当下你的感受出发，你跟这些人的行动将会是什么？

IC：我今天就约了一个人见面。下午5点，我会去见一个客户。为了让他了解我在说什么，我会当着他的面做一个实验，然后进行解释和指导。

Eva：好的，在你去之前，先感受一下待会儿5点的会面。你对他这个人的感觉是什么？你对自己的感觉是什么？

IC：我感觉自己有4分的专业，我就做4分的事，虽然不太有把握，有点生硬，但我还是想要突破！

Eva：现在就是你在做自我准备的时间，你感觉自己看见了这个"生硬"，也听见了自己"想要突破"的心声……你的内心有紧张、有放松。现在，你是想连接紧张，还是想连接放松呢？你的专业是4分还是7分，都是你的认定。（深层回应）

IC：是的，老师，我明白了。

Eva：你可以带着"紧张和生硬"去见那个人，也可以带着"放松和爱"去见那个人。你希望带着怎样的能量去见那个人呢？

IC：我内心是有自信的，我很想帮助那个人，他和他的家人很善良，常常在帮别人，我也想帮他们。我感受到我的心是想让他们都好的。

Eva：所以你想带着助人的力量去见那个善良的人。专业是你外在的能力，心意是你内在的力量。（深层回应）

IC：是这样的。

Eva：那很好，这是你在当下为他做的准备和行动。我们的对话可以进行到这里，你有什么反馈吗？

IC：我感觉自己非常清晰。我清晰了自己的现况，也清

6 化解干扰（Empower Inner Transformation）

晰了自己的目标，还清晰了对方。这对我来说是一个平衡的状态，按照这样的状态去规划我的未来就不费力了。我想让自己的人生就这样不费力地往前走。（心之所向）

Eva：这个"不费力"是因为你跟你的心力产生了连接，恭喜你！

心对话能让我们明确自己的心之所向。聆听内在的心声，你会清晰自己内心真实的渴望。当人的内在干扰被化解，就会自然而然地在心之所向中行动，这样的生命状态是人人都渴望的。

活在不被干扰的生命状态，是淋漓尽致地活、毫无保留地爱，活出每一天的自由、快乐。

愿所有人，都能活出这样的生命状态。

第二部

生命胜任力（外王）

——外在成果：发展绩效——

7 确认目标
(Goal Setting)

♡ 心之所向，就是人生的方向

当觉察化解了干扰，你会清晰自己究竟想要什么和不想要什么。

过去 30 年，我为外企、国企、民企提供教练服务，发展组织的心智和绩效。

我发现组织中有 80% 的人无法达成目标，其中最重要的原因是他们对目标的意义感不清晰，他们不清楚目标对于自己的意义何在，很多人认为目标完成只对组织有意义。

很多人设定了目标却又深感力不从心，然后目标是否达成也成了无关痛痒的事情：目标达成了最好，达不成就再设定一个新目标。

确认目标，是确定这个目标是你的心之所向，是你自己渴望和想要实现的需求。人一旦确认了自己心中的渴望，就会心

7　确认目标（Goal Setting）

力满满。无论做什么事都没有好坏的区别，只是需要和自己的内心确认：我这一生，为何而来？

目标不只是一个数字或是一项工作任务，目标是你对于人生所有的热情和理想如何实现的规划过程。

我们内心的渴望，需要经由外在持续的行动来实现，这就是确认目标。

目标实现是每个阶段的生命重心，需要由内而外的持续行动。透过每个阶段目标的实现，我们也就完成了生命每个阶段的角色、任务、学习、成长，所以对每个人而言，目标实现是很有意义和相当重要的。

如果你要实现的目标与自己的心之所向是不一致的，当你说"这是公司的要求，是老板规定的"，这就代表这不是你内心真正想要实现的目标。

清楚自己在想什么、要什么、做什么、为什么，这是一个清晰者的生命状态。

♡ 确认目标，是为了让生命活明白

"我这一生都白过了，这真的是我想要的吗？"

"我每天这么努力，到底是为了什么？虽然目标都达成了，可是我并不快乐。因为感觉上这些都不是我想要的。"

像这样的感叹，都是对人生的目标和愿景没有确认。

此刻问问你的内心：什么是人生的终极目标？心之所向是你的人生方向吗？

你的所有当下的所做、所为、所思、所想，你感觉清晰吗？

这就是确认目标。

经历觉察制约和化解干扰之后，人的内在清晰了，外在也自然会清晰，仿佛生命中的所有热情、渴望、使命和愿景都来到了你的眼前，你很清楚自己想做什么、擅长做什么、愿意做什么，这些内在的清晰有助于你实现所有外在的目标。

如果这个达到了,那么其他的都会达到,这就是你的『核心目标』。

7-1　目标是人生的需求和理想

我辅导过一位教练 PO，她对我说："我想获得专业认证，但我没什么信心，总是怀疑自己能否顺利通过认证。我不清楚该怎么做，行动上一直处在停滞不前的状态。"

在与她对话、确认目标的过程中，我通过问心，促使她清晰了什么是她真正想要的。

Eva：心教练的服务是专业助人，在你心中，你觉得一个教练的专业程度有多重要？

PO：很重要。

Eva：你感觉你现在的专业状态如何？

PO：我知道我很想专业助人，我感觉我的心态和状态都准备好了。

Eva：嗯，很好。所以你感觉自己具备了专业的心态和状态，但是还没有明确自己的专业到何种程度，是吗？

PO：是的，是的。

Eva：所以，你想通过认证来确定自己的专业程度。专业

7 确认目标（Goal Setting）

认证的意义是不是也在这里？

PO：嗯，是的。

Eva：现在，你清晰了专业认证的意义。那么，这个意义，也就是知道自己的专业程度，对你来说有多重要呢？

PO：对我来说，如果不去认证，那么我再怎么认可自己的专业水准也没有什么确定感和说服力。我记得您说过，以前有人跟您说"你一定要拿冠军，这样才能证明你的教练方法是有价值的"，我很认可这个观点。我觉得冠军的意义和力量是：它可以证明我对他人的帮助是很有效的。

Eva：所以对你来说，认证的意义和价值是什么？

PO：其实是"助人"，以及"我是有用的"，这个可以增强我的信心。

Eva：所以提升信心，也是你追求的目标。一个助人者的信心，是很重要的。

PO：是的，还有专业本身。我曾经有一段时间想过，我没学过什么专业，大学学的专业也没用上。有时候我非常羡慕有一技之长的人，您刚才在说的时候，我感觉到"专业"让我有心跳的感动。

Eva：嗯，心跳与心动，心动与行动。所以，你想采取什么行动呢？

PO：就是先去好好认证。

Eva：好好认证是一种心态，行动呢？

PO：我现在就去补足那些还没有达到的……例如，接受教练的次数、做教练的次数……对，我就专注做这些。

Eva：你期望用多长时间来完成？

PO：年底，12月份。我大概算了一下，如果半个月做一次教练的话，差不多要到12月才够认证的次数……

Eva：嗯，很好，这是你清晰自己的目标后给出的答案，到年底是有可能完成的。为了确认自己的专业性，强化自己的信心，你有了认证的规划并且开始了行动……最后，请说说你的感受。

PO：嗯，我现在挺开心的。

Eva：很好，开心地去认证，恭喜恭喜！

目标，是人生中实现需求和理想的途径。确认目标，确认的是想法、观点、感受的清晰度。

此生所为何来？这是人生最重要的清晰。

直接回答这个问题，需要如实如是地了解生命。人生匆匆数十年，转瞬即逝。过去的已经过去，未来的仍是未知，无论你怎么想，你所想的也并不一定会发生，对吗？

生活、生命、生涯，是人生可持续、可发展的长期目标。

7 确认目标（Goal Setting）

在长期的过程中，我们需要有每个阶段可持续、可发展的学习与成长的目标。人生的学习与发展有很多重要而不同的能力，其中的核心是醒觉、清晰和创变。

目标确认的过程有两个重点。

第一，是清晰。

我们要看清自己：什么是限制性的想法，什么是非理性的投射，什么是自以为是的认为。

什么是你的热情和理想，什么是你目前的真实状况，什么会严重地干扰你，这些重要的清晰点，我们可以通过一对一的心对话，让自己真正地清晰。

第二，是可发展。

目标的设定必须是可发展、可执行的，当我们清晰地了解自己之后，不管是长期的还是短期的目标，都需要经过持续、稳定和有效的行动去实现、去落地。

所以，促进行动也是生命活好的核心能力。

7-2　内圣外王的目标

学生 EL 向我诉说她的苦闷:"在所有的关系里,我最吃力的就是跟女儿的关系,我常常为此发脾气……我很想提升自己,换一个新的角度,我可以把她当作她自己的生命去看,而不是加入很多我的期待。"

这个问题或许很多父母都遇到过,为此我们进行了一次深度对话,让她清晰什么才是她真正的目标。

Eva:我听到你对女儿有期待,你很想要尊重她。

EL:是的。我觉得"不累"会是一个很好的状态。我的大脑告诉我,可能因为我是她的妈妈,所以我在这个角色里常会跳出很多的"比较"和"预设",但其实我最大的问题、最大的情绪是"着急"。这个着急的背后,是很怕自己帮不到她,还有一种"很努力"的感觉在里面。

Eva:你很怕,很努力?(重复感受)

EL:对。比方说,有时候我跟朋友、同事之间会觉得某个目标无所谓,做得到就做,做不到就在过程中学习。我觉得

7 确认目标（Goal Setting）

这种状态挺好的，我也想把这种状态带到我跟女儿之间。但现实是，我感觉我们之间的角色就是有一些限制，很难达成这个目标。我很想知道如何做才能让我跟女儿的关系也能像跟其他人的关系一样轻松、自在，我希望她能感觉到。对此，我急，她也急。

Eva： 当你跟女儿在一起的时候，你通常会急什么？

EL： 急什么……我会有很多的想法。比方说，她现在是很关键的13、14岁，我到底要不要把她送出国；还有将来她学什么比较好，她是不是已经有自己的想法了……我觉得我已经有了一个改变，就是不去为她设定时间，但是看到她跌跌撞撞的，我就着急，就想冲上前帮她一下，避免她跌倒。

Eva： 你不想让她跌倒，你想用你的能力帮她，因为你不跌跌撞撞，所以想让她也不跌跌撞撞。但她跟你的年龄不同，她正处在跌跌撞撞的年纪，对吗？

EL： 对，我很想付出，很想支援她。关于她真正需要的，我现在也意识到了，就是不要跳出去帮她，那并不是她要的。所以我现在会鼓励她，跟她说"你有事都可以跟我分享，让我知道你需要什么"。但有时候我听不到她的回应，就会觉得她不懂我的心，就会想跳出去，就会着急。

Eva： 在你跟女儿的关系中，除了想要改变她，你是否想改变自己什么呢?

EL：改变自己……我希望我能很清晰地知道怎么跟她相处，知道我可以为她做些什么。

Eva：你希望自己清晰，在清晰中你就会知道怎么帮助她。

EL：对，我也会知道自己不用做什么。

Eva：好，现在你知道目标了。请你把眼睛闭起来，先放松自己……此刻你已经清晰了，请跟这份清晰建立同在。

你说最想要的是清晰，如果不清晰，你就会急着给女儿提建议，跟她分析，想要帮她做这个、做那个。而现在你是清晰的，在清晰的状态中。我们来向内观，处在当下，你感觉到了清晰。好，现在我们从清晰出发。在清晰中，看看你会如何与女儿相处。

EL：当我清晰的时候，我会非常了解她真正需要的是什么，也可以非常迅速、非常轻松地与她建立连接和对话。

Eva：现在你就是清晰者，你可以跟她连接，你觉得她最需要什么?

EL：她需要被听到……然后，她会毫不犹豫地爱我，与我分享，她可能希望寻求我的认同，或者她也会询问我的意见和建议。

7 确认目标（Goal Setting）

Eva：你感受到她的爱……你们的关系和沟通都比较好了。清晰就像你说的，对你很重要，对她也很重要。你感觉你刚才是怎么达到清晰的？

EL：放松，没有用什么方法，就是连接了一下我自己比较清晰时的那种状态，在放松中保持一定的发觉。

Eva：是的，你发觉到了"放松"。

EL：对！我越放松地跟她对话，就越能发觉很多东西，能很快地进行连接和回馈，这种沟通状态特别舒服，我希望能跟女儿也形成这样一种关系。

Eva：那么，看一看：当你和女儿在一起时，你会怎样放松自己？

EL：像我刚才发觉的，很多时候是我自己的混乱、着急、不清晰导致了对方的混乱、着急、不清晰……如果是确认目标的话，我发觉对我来讲比较有效的做法是让自己先放松下来，这样女儿就可以比较轻松地和我对话。只要这个状态能接上，后面就会有自然而然的发生。

Eva：嗯，这是你放松的状态。

EL：是的，我之前没有想到让自己放松可以是一个清晰的目标。太好了！

Eva：恭喜你。此刻你有了一个清晰的内在目标——放松，而且你很轻易地就体验到了放松、连接和自然而然的聆听。你有了清晰的内在目标，也有了美好的外在行动。

至此，请你闭目问心：

生命中，什么是你需要清晰的，希望满足的？你愿意为此全心全意地去做吗？你所需要的清晰，是目标确认的层面，还是生命探索的层面？你需要方法，还是方向？

有些人，虽然工作的成果和成就感都已经很好，但心里还是有很多的不确定感，这需要一种懂得：懂生命、懂自己、懂他人。

先从自己身上
看人性和人心，
因为人人都一样。

8 了解现况
（Reality Clarifying）

明白自己的心之所向（当内在的干扰化解之后会自然而然地清晰）并确认了充满渴望的目标，接着你需要详细地了解与目标有关的种种现况。

你知道自己现在在哪里，才知道如何从这里去到那里。

了解现况意味着你要有自知之明。

人生想要实现理想，必须清晰自己的现况，然后做出可行性的规划和行动。

一个真正了解自己的人，是一个内外的清晰者。

确认目标的意义和价值，是发展由内而外，实现东方哲学"内圣外王"的人生智慧。

确认目标象征着一个人渴望实现的愿景和理想，在知己知彼中了解自己和所处的环境。

当你透过目标来了解和觉察自己目前的状态和情况时，会发觉这是非常好的生命与生涯发展，能助你达成由内而外的自我实现。

如果你没有时时应用你的觉知，你就在喂养你的恐惧、喂养你的小我。

8-1 发展人，就是发展绩效

2021年我们开始发展心教练"慧员生命支援系统"，学生XX她想理清一些困扰："我知道很多人希望'心教练的学习'能让更多人知道并且受惠，所以才发展心教练的慧员系统。在这里有很多让人学到并且做到的体验，对我个人来讲，我想透过跟人的连接，提升我的心领导力。"（心之所向）

关于建立"慧员生命支援系统"，XX很清晰市场有着非常迫切的需求，因为很多人都缺乏系统地学习生命智慧、觉知生活和生涯发展的悟性和机会。（需求导向）

于是，我与她进行了PPDCAA①模式的绩效对话。

PPDCAA模式的对话，是组织绩效与人才发展的法宝，对于发展心之所向、了解现况、促进行动非常快速有效，值得

---

① PPDCAA是英文Passion（热情，渴望，心之所向）、Plan（目标）、Do（行动）、Clear（清晰）、Awareness（觉知）、Action（觉行）的首字母缩写。PPDCAA模式的对话，对于发展心之所向、了解现况、促进行动非常快速有效，详细内容可参考正文第169页处介绍。

8 了解现况（Reality Clarifying）

所有组织领导者关注和使用。

Eva：关于做"慧员生命支援系统"，你的热情是什么？在你的心中，与这件事情的连接点是什么？（Passion：热情，渴望，心之所向）

XX：我的连接点是渴望所有人的生命成长都能得到支援，希望让所有人的生命受惠。

Eva：是的，你希望能让所有人的生命受惠。为了实现这个期望，你确认了自己的目标，就是做"慧员生命支援系统"。（Plan：目标）

在确认目标之后，我们需要了解现况。你目前已经做了什么？你还会想做什么？有没有什么困惑或需要支援的地方？（Do：行动）

XX：我目前在做产品内容，已经讨论了很多版本，也在过程中进行了不断优化。但是怎样才能让系统和人更有连接感，怎样让系统更加优化，能带给人惊喜的感觉，这是系统推出前非常令我困扰的难题。

Eva：关于连接与优化，带给人惊喜的感觉，你希望可以包含什么？（Clear：清晰）

XX：我说的惊喜，是希望让那些正在生命中受苦的人以及心教练的亲朋好友，或是第一次接触心教练的人，都能感受到心教练对他们的帮助很不一样，体验到心教练服务的美妙。

Eva：所以你希望那些没接触过心教练服务的人可以通过慧员服务产生惊叹、欢喜的感觉。

XX：是的，我就是这样被吸引进来的。我见到的每一位心教练和同学都会给我相同的感觉，所以我很希望心教练中每个成员的能量都能在"慧员生命支援系统"中形成一个延展的能量场域，不断地传递给其他人。

Eva：你心中有了这样一个美好的蓝图，是因为你具备了渴望让人们生命美好的愿力。为此，你想引进更多的因缘来此接触，好让他们的生命也享受这些美好的感受。那么，在这个蓝图中，你接下来最关键的行动是什么？你在关注什么？（Awareness：觉知；Action：觉行）

XX：我觉得无论是慧员服务，还是小程序设计，都需要随时更新。目前最重要的是和大家同步、共创，让"慧员学习服务系统"上线，然后由大家一起去推动和发展。

这段 PPDCAA 模式的对话对 XX 来说非常有意义。我们的对话结束之后，她的身心产生了一种极其愉快的情感共鸣。在这之前，她的脑海中天天想着需要做哪些事情，总觉得要做的事情很多。但在通过对话进行理清的过程中，她清晰了在大量的事情中哪些是最重要的，而且立即有了清晰的行动方案，

8 了解现况（Reality Clarifying）

这种做事的感觉，她觉得"真是太美好了"。

事实上，这次我们的对话只用了 9 分钟。熟练运用 PPDCAA 模式的有效对话非常有助于组织中对各种项目的了解、化解干扰、促进行动，是非常快速、有效的绩效辅导模式。

8-2　在紧张中了解现况

有位学生 JY 说，她很希望改善自己不自信的状态。她说："当我紧张的时候，我觉得那个不是真正的我。这个问题已经困扰我很多年了。我上过很多课，也做过长期的心理咨询，但都无济于事。我的不自信通常出现在一些公众场合，当我需要跟现场的人互动的时候，我心里对自己的不认可很容易受到外界的影响，变得起伏不定。我一看见别人的种种表现就会自我否定，觉得自己做得不够好，担心别人质疑我，但其实是我一直质疑自己。这让我非常紧张，心里发虚，说话打结，心情窘迫。"

我们如何完整地看见以及真正地了解生命在每个当下的现况？用 3F（需求分析，详见正文第 178 页）来了解自己和理解他人，你会一直发现生命的真相：你不是你的定义，不是你的认为，也不只是你的感受。

我引导 JY 运用"三步觉察"和自己的"紧张"建立同住，去直面并了解这个长期被压抑的情绪。

8 了解现况（Reality Clarifying）

Eva：好，那我们现在来和你的"紧张"建立同在。请你闭上眼睛，在心中浮现你紧张的样子——此刻，你感觉到自己的心虚、说话时的迟钝与迟疑。然后，连接你的身体，在紧张的时候，你的身体呈现出什么样的状态？你有什么感受？你的脑子里有些什么样的想法？

过去你没有和自己的紧张真正地同在，现在我们给自己一些时间和空间来了解它：这是一个长期和你在一起但你并不了解的感受……它好像在某些场景中突然出现了，让你感到紧张。我们现在向内看，你和紧张面对面……你感受一下自己的紧张。

JY：（叹气）我觉得肚子发胀，很难受，让我喘不过气来……

Eva：这是你内在"紧张"在"说话"，它的表达很强烈。

JY：是的，是这个感觉，但我平常都没有感觉到。

Eva：是的，你并不明白这个"紧张"，它频繁出现，是想和你说什么呢？

JY：我平常紧张的时候，注意力都在大脑。大脑会一直规划我该怎么做，我会想很多遍，也会在意别人怎么看。我连接的都是别人，没有连接过自己的身体。

Eva：好的，没关系，我们再给"紧张"一点表达的时间和空间。除了肚子很胀以外，你还有什么发现？

JY：我感觉到自己的手背变得紧绷起来，肩膀也很僵硬，但当我发觉这些感受的时候，我就放松下来了。

Eva：你的全身都在和你沟通，从肚子到手背再到肩膀。"紧张"也是一种能量，它正在流动。

JY：是的，感觉像是波浪。现在紧张的感觉有些平缓了，肚子发胀的感觉缓解了很多。

Eva：你的紧张感也跟着缓解了吗？

JY：是的，当我想象那种紧张的感觉，我就觉得自己平和下来了。我现在觉得"紧张"在又不在……它已经和我融为一体了。

Eva：是的，"紧张"和你是一体的，你一感到紧张，它就有反应。情绪反应后，思考、行为也随之反应。正如你说的，你们是一体的。

JY：嗯。之前我感到紧张的时候，我发觉自己的额头在出汗，也接收到了很多别人的目光，就是没有感受到肚子的变化。

Eva：是的，"紧张"完完全全在你的肚子里，就像一股能量，在你的身体里发作，你给它起的名字叫"紧张"。刚才你用心与它同在，真正地感受它，它在你的身体里流动，不停地发生变化……现在你的头脑放松了，心情缓和了，你会如何描述"紧张"呢？

8 了解现况（Reality Clarifying）

JY：现在我觉得，紧张是一个被赋予的形容词。实际上，它是遇到某种情况时的状态。比如，我现在的状态是平和的，这是一个内在很安静的状态。当我遇到某些事情时，大脑会快速运转，浮现出别人的目光，身体会流汗发热。

Eva：关于紧张，你从流汗到发热，再到转为平和、安静，它们都是一种能量。这之间，你是怎么转变的？你看见了什么？

JY：得到这样的转变，我觉得得益于我和自己完全的连接。之前我的大脑快速运转，虽然身体出汗，但我感觉自己并没有和身体连接。

Eva：当你关注他人时，你发觉自己和自己的身体失联了，是吗？

JY：是的。

Eva：这个发现对你来说有什么意义吗？

JY：刚才我和身体完全连接时，发现能量很流动，说话、表达都很流畅，没有了不自信。

Eva：处在当下，我想请你再去看一看别人的目光，这是你非常在乎的地方。现在，你看到一些怎样的人？他们的目光是什么样子的？

JY：别人的目光，嗯，好像是除了家人之外的所有人。我突然发现，那些别人的目光，都是我对自己的期待。

Eva：喔！你看到了真相，哈哈！其实并没有人和你说你要怎么样，也没有人质疑你，关于别人的想法，其实都是你自己的想法。

JY：是的，都是我自己的认为。

当JY感觉紧张时，身体会起反应，情绪、思考、行为也会跟着起反应。我后来告诉她："因为生命是一个整体——身体、思维体、情绪体、能量体，这是生命的整体。"

当我们与身心建立同在，就直接来到了生命整体，情绪就会瞬间转化，身体从流汗、发热转为平和、安静。这种在生命整体中的连接让她感到了能量的流动，于是她的说话、表达变得流畅起来，不自信的状态也随之消失。

带着恐惧的想象，都不是生命的真相。这份明白，让她轻松地笑了。

一旦进入心，觉知就打开了，光就出来了。

9 促进行动
(Empower Awareness Action)

人生所有的理想如果没有行动,那就只是一堆想法而已。

如果你明确了自己的人生目标,也清晰了现况,但是没有持续的行动,你觉得自己的人生理想还会实现吗?

有一个人在火车上来回奔跑,跑得满头大汗。有人问他为什么要在车上不停地跑步,为什么不坐下来好好休息,他说他用力地奔跑,是为了能早一点到站!

这个世界上,有些人有目标但没有持续的行动,有些人有很多的行动却无法达成目标。

虽然他们明确了目标,行动却是徒劳无益,所以他们会说自己每天忙忙碌碌却一事无成。

生命中有许多无意义的行动,是因为你的大脑中总有很多无意义的想法,它们时不时地干扰着你。所以在确认目标、了解现况后,我们要促进醒觉的行动(Awareness Action),采取有效的、有觉知的、清晰的、有力量的行动。

9　促进行动（Empower Awareness Action）

促进行动是实现人生所有理想的重要能力，不仅可以促进内在的清晰（内圣）和外在有觉知的行动（外王），对生命的发展更是具有决定性的意义和价值。

9-1　在觉知中行动

学生 ET 是做酒店运营的,她有一个合伙人。她说:"我发现在与合伙人交流的时候,我对他有一些期待,但发生的一些事情又让我的期待打了折扣。我们都产生了情绪,这情绪影响了我们的继续互动和沟通。"

Eva:嗯,刚才你说了很多你们的现况。我们先不谈运营和解决沟通的问题。我想了解的是,你做这个酒店是你的渴望和心之所向吗?(Passion)

ET:嗯,是的,我想去做自己真正想做的事,也尝试着去把控。说到心之所向,我喜欢酒店的运营工作,它能让我具备统筹安排事情的能力。

Eva:所以统筹、把握、安排是你的热情,是吗?

ET:是的,因此我需要一支专业的团队。

Eva:所以你要去发展一支专业的团队。(Plan)

ET:是的。

Eva:因为这个 Passion,还有你的 Plan,你做出了哪些相

9 促进行动（Empower Awareness Action）

关的行动呢？(Do)

ET：我正在与酒店管理公司沟通，他们是顾问团队，这是一个行动。内部的话，这两天我们密集式地提供酒店服务，结束后，我立马跟其中的一位小伙伴交流，去听她的反馈。还有另外一个小伙伴我没有去做后期的对话，因为我可能不打算用她。

Eva：你和小伙伴进行了后续的对话、辅导。这些行动在发展专业团队方面带给你什么感受？

ET：我感觉还是流畅的，但是，对于我不打算续用另一位小伙伴，我的合伙人和我的意见有抵触，这让我很困扰。

Eva：你觉得你们的经营理念是怎样的？

ET：我们的经营理念很不同。

Eva：从"选育用留"的层面上说，你们选择了彼此共同经营，所以在"选"的层面上你们是一致的，但是在"育人"和"用人"的层面你们的观点是不同的，是吗？

"用"是分工，"育"是学习，你觉得你们两个人在学习、共同经营以及分工方面需要什么？

ET：我觉得是要建立一些基础的共识。如果目标就是"为了开拓、丰富酒店的内容"，再多选择一位小伙伴，我觉得也没什么问题。但是我们现在资金不足，每个人需要承担的更多，我认为要先解决这个问题。

Eva：你说你们两个人需要建立共识，这对你来说有多重要？（Clear）

ET：我觉得非常重要。唯有建立共识，酒店才能顺利地经营下去，我们的关系才不会有太多的冲突。

Eva：对于你来说建立共识非常重要。你的行动会是什么？

ET：我希望我能和他进行真诚的沟通。

Eva："真诚沟通"就是你的AA（Awareness Action：在觉知中行动）。

ET：是的。

不论人生遭遇多少问题，或者有多少的心智问题需要转化，只要你想真正地解决问题，你都可以学习并应用绩效辅导的交互方式。

对话的关键是连接人，聚焦需求，理清问题背后的问题，在醒觉中赋能和行动。

在我们的对话中，当ET提到"酒店运营"的时候，我知道这是她想要解决的主题，所以要把酒店运营的Passion和Plan明确下来并深度聚焦。

如果把对话聚焦在人和关系的问题上，比如说合伙人的问

9 促进行动（Empower Awareness Action）

题或是小伙伴的问题，那么她不会获得切身的成长，因为她所说的都是别人的问题。

人有两种动力，一种是持续了解自己，一种是持续自我实现。觉察制约和化解干扰可以深层地了解自己，Passion 和 Plan 则可以促进自我实现。如果她持续地学习和行动，那么即使她的生命依然还有制约，她也能步步向前，发展她的自我实现。

9-2　在对话中问心

学生 Yu 对我说:"我希望自己全心全意地做一件事,比如我想把申请专业心教练认证当作自己的修炼,这样我会感到安心和安定。"这表示,她的想法还困扰着她,她还没有实现自己想要的安心和安定。

一旦人的心里有了想法却不去行动,就会让心焦虑、受苦。为此,我和 Yu 进行了一次促进行动的心对话。

Eva:我想跟你确认,你说希望自己全心全意地做一件事,你想把申请专业心教练认证当作你的修炼,这样你会感到安心和安定,现在你有感觉到那个"安心"吗?

Yu:有的。

Eva:那很好。现在我们就处在安心中,来体会一下你所说的那种全心全意。虽然你平日的工作很忙碌,但是你的内心有一份安定、一种渴望,你希望全心全意地聚焦,把这件事做好。此刻我们全心全意地来看看,接下来的三天,你跟这件事有关的行动是什么。

9 促进行动（Empower Awareness Action）

Yu：赶紧约定时间。

Eva：嗯，你会想约谁？

Yu：约教练、约客户。

Eva：约教练、约客户，所以这三天，你有接受教练和做教练的计划，是吗？

Yu：是的。

Eva：如果每三天你都有一个心上的行动，一周有两个三天，每三天你有一个全心全意的行动，你感觉你关注的这件事会处在什么状态？

Yu：会很有进展。

Eva：你觉得这个规划对你有难度吗？

Yu：有点难度，我感觉（时间）稍微紧张了一些。但是仔细想想，不过是一个星期一两次，三天一次的节奏，其实也没什么难的。

Eva：所以你感觉还是可以安排的，是吗？

Yu：是的。

Eva：好的，那我们来确认一下你的目标：从现在开始，每三天你会有一个具体的行动，做教练和接受教练。

Yu：是的。

Eva：这样的节奏你的感觉如何？

Yu：特别合理。

Eva：你觉得合理、安心吗？

Yu：嗯，本来我的计划每星期做一些事情，现在是每三天，我觉得这样的话，每星期的行动内容是清晰的，周目标肯定能完成。

Eva：太好了！清晰，清晰。这样就没有不安，只有行动了！

透过有觉知、有聚焦的对话，即使问题是错综复杂的，我们也能清晰地理出头绪，迈步向前。

人的外在成就如果没有内在成长做支撑，就会成为空中楼阁。

10 运用支援
（Finding Support）

人生中的支援者是我们生命的宝藏，是千金万银都买不到的。

生命胜任力之十是"运用支援"。为什么是"支援"而不是"资源"呢？因为支援指的就是支援者，是指人。

如果你碰到突发状况需要找人帮忙，你心中立刻想到的人是谁？谁是那个关心你又有能力迅速帮你解决问题的人？他们都是你最好的支援者。

人的一生需要有很多不同的支援者，无论是在生活关系、生命成长还是生涯发展的过程中都有可能产生需求，而且不同的阶段会出现不同的需求。

充分运用支援，代表你的生命发展是平衡的，能够经常支援别人，也能够坦然接受他人的支援。

支援者不一定是你的闺蜜或者好友，他们不只是因为情感关系而支援他人。支援者是一种对于生命的情怀，有时他们只

10　运用支援（Finding Support）

是无条件地支援和关怀他人。

运用支援，就是运用我们关系中的支援者，支援者是我们生涯发展的重要关系人。

♡ 运用支援，体验被了解、被支援

人离不开群体，生命就是关系。东方人相当看重关系，却常受困于关系；注重人情，却总被人情所伤。运用支援是关系中正向的支援力量，是一种发展生命价值的智慧，更是一种"己达达人"的生命状态。

我们需要先明确自己的需求，坦然自在地向重要关系人表达自己的需求，才能获得及时的支援。所以，我们要充分运用支援，体验被了解、被支援的力量，同时也成为他人最好的支援者。

助人者，人恒助之。运用支援让我们的助人助己成为人际的善循环。

东方心学苑的核心目标是"三生"（生活、生命、生涯）整合，发展"三力"（心力、愿力、能力），运用"三练"（训练、教练、修炼），落地"三教"（教育、教练、教化）。其中，每一个"三"都有着"三生万物"的能量和力量。

10-1　运用教练，就是运用支援

学生WW找我讨论生命的意义。她说:"我最近在做一些经典的功课，但是理论的部分很多。最近我的情绪比较'卡'，我看到朋友离世，还有自己生活中发生的一些事情，情绪总是来来去去，我感觉这样的生命状态真是毫无意义。

"这些在我身上发生的事情，我想要摆脱它们，但是其他事情又接着来了……我觉得我的生命一直充满这样、那样的事情，没完没了，完全看不到尽头。"

Eva：嗯，你觉得情绪来来去去毫无意义。你想探讨生命的意义，同时你又很关注自己的情绪。所以对你来说，你是怎么看待生命的意义和你的情绪的?

WW：生命的意义，就是活下去的理由吧。对于情绪，我有一个照见，我很容易因受触动而掉眼泪。

Eva：嗯，我了解。所以情绪对你来说，除了泪水还有什么?

WW：情绪不可控制，会有很多泪水一直往下掉。我希望

10 运用支援（Finding Support）

人生中的人、事、物不要有太大的变化，即使有很多道理都在阐述"万物自有变化，这世间唯一不变的就是变化"。

Eva：嗯，是这些变化给你带来了很多的情绪吗？

WW：是的，非常多。

Eva：你提出生命的意义，然后谈情绪，关于情绪跟你的生命之间，你做过什么了解？你有在做"三步觉察"吗？

WW：我做过，但不多。我觉得情绪是不可控的。

Eva：是的，情绪需要被了解，而不是被控制。你说情绪已经严重影响到你的生命意义，所以关于你的情绪、你的生命状态，你想了解什么？

WW：我想知道什么是情绪，我时常感到焦虑和恐惧。

Eva：你会焦虑什么？恐惧什么？

WW：我的焦虑和恐惧应该都和"失去"有关，我不喜欢变动。

Eva：你害怕失去稳定。

WW：对。

Eva：有哪些稳定是你可能会失去的？

WW：嗯……比如人际关系。我从上海那样的大城市回到乡下，跨越的过程非常难受，但我也在慢慢适应这里的关系。

WW：你有了新的关系？

WW：是的。但是年初时有小伙伴离开了，最近可能会加入新伙伴。对我来说，过渡期特别困难。

Eva：嗯，如果没有别人的因素，你和自己的关系稳定吗？

WW：我好像看不见自己，所以总是寻求外在。

Eva：你看不见自己，所以很依靠外面的关系，是吗？

WW：对。

Eva：你说自己有很多情绪，焦虑、恐惧，还有渴望探索生命的意义。所以，你有看见自己的焦虑、恐惧这些情绪，以及你对生命意义的关注，也看到自己很重视外在的一些关系，渴望关系的稳定。这些都是你对自己的了解和看见。对于你来说，这些对自己的了解对你有什么生命意义吗？

WW：但是世间不可能有稳定啊，总是一直在变化。

Eva：生命既然是不稳定的，为什么你还那么在乎关系的稳定呢？

WW：因为这些不稳定会导致关系变化，比如说亲密关系、夫妻关系的不稳定都预示着有可能分离，而分离会带来消亡，我接受不了消亡。

Eva：嗯，我了解。现在请你闭上眼睛，去感受在所有的关系里面，比如你跟自己的关系、你跟你先生的关系、你跟其

10 运用支援（Finding Support）

他人的关系，你最想要哪一个关系的稳定。

WW：我跟自己的关系。

Eva：嗯，你跟自己的关系。我们来看一下你想要的"稳定"，这是你所说的生命意义，其他关系不是不重要，但我们今天就聚焦这个最有意义的关系。

所以，你和自己的关系是怎样的呢？

WW：我觉得是自由的。我能感知到我和自己的关系没有束缚和紧张。

Eva：没有束缚和紧张，你是自由的！好，现在我们转向你的内心，连接没有束缚也没有紧张的感觉，从心里看一下你和自己的关系。

在你心中有一个画面：你感受到了自由和放松。你看见自由，感知自由……感觉一下，你和自己的关系是自由的，是没有束缚和紧张的；你对自己有感觉、有感知。请你确认，这是你想要的关系状态吗？

WW：是的，我确定。

Eva：好的，我们确认你的生命目标是自由和感知。

现在我们来"了解现况"和"促进行动"。你想要这样的关系，这对你的生命意义是很重要的，你会为自己做什么呢？

WW：是的，这对我来说非常重要。刚刚老师说这段话时，我发现我想要更多的"允许"自己。

Eva：好的，有一个觉知行动是"允许"。我们对自己再细腻一点，关于"允许"，你会为自己做什么？

WW：我会允许自己，也允许别人。

Eva：关于允许别人，可以多说一点儿，你说的"允许自己"跟"允许别人"是什么关系，可以举个例子吗？

WW：平时我不允许小伙伴们偷懒，因为我也不允许自己放松下来。

Eva：所以你想开始允许自己放松。好，这是一个和觉知有关的行动，因为放松并非偷懒！

所以，你会允许自己想休息的时候休息，想做什么的时候就放手去做，是吗？

WW：是的，这样太好了。（笑）

Eva：好的，请感觉一下你此刻的心情，这是你和自己的关系：你允许自己自由，想做什么的时候就去做，不想做的时候就不做。这样的生命状态你觉得有意义吗？

WW：是的，这是我的生命意义。

Eva：嗯，你很确定。此刻你的感觉如何？

WW：我感觉生命很有宽度。

Eva：好的，很有宽度。你觉得你在做自己的过程中是否

10 运用支援 (Finding Support)

需要什么支援？可以支援你一直允许自己，自由地做自己想做与不想做的。

WW：我觉得很需要，因为更多的时候，我会很在意外人的看法和说法。我觉得我需要"输血"，自我造血的部分还很弱。

Eva：你会寻找什么支援呢？

WW：以前我一直找的是我先生，但是这些年下来，我太依赖他，使得我慢慢失去了生命力……

Eva：嗯，这是另外一个问题。

运用支援是支援你更能活出生命力，而不是失去生命力。所以，你想找谁支援你？谁可以持续地支援、了解你，支援你做自己？

WW：没有人。

Eva：你有自己的心教练吗？

WW：有，她是一位非常好的教练。

Eva：你觉得她可以支援你吗？

WW：嗯，可以。

Eva：你会怎么找她来支援你？

WW：嗯，因为我们在不同的城市，所以我一直是在线上约时间接受教练的。

Eva：嗯，挺好的。在你下次接受教练的时候，你把今天我们所谈的目标和成果与她分享，好吗？当她更了解你的时候，她将更能支援你。

WW：好的，我和教练之间是没有秘密的。

Eva：太好了，我们一起为你的生命意义加油！

运用支援，是第十个生命胜任力，这个能力对东方人特别有意义，会让我们从心出发去醒觉自己的生命与关系，非常适用于发展个人生命力与组织生命力。

在生命旅途中，人人都需要支援者，人人也需要成为他人的支援者。

每个人和组织的关系都是互相依赖、相依相存的。超过三个人才能形成组织，有了组织，个人才能运用组织的支援，组织也需要个人的支援。在逐步发展的过程中，个人与组织的关系便从相互依赖转为相互信赖。这是一个从支援到支援的生态发展。

所以，在组织生态发展的过程中，个人的目标和组织的目标合一、个人的愿景和组织的愿景合一，组织运用个人作为支援，个人运用组织作为支援，使每个人的生命成长和生涯发展与组织的生态发展合一。

这样，个人和组织的生命力发展也就合一了。

10　运用支援（Finding Support）

通常在组织内产生的分离、分裂、各自为政都属于个人生命状态的问题，有时个人不认同组织的目标，又缺少自己真正清晰的目标，组织也不关注个人的生命成长和需求。在这样的组织生态下，个人和组织都无法正常发展。

在全球生态永续以及可持续、可发展、可落地的理念和愿景中，我们成功发展了"个人和组织的需求、发展、目标、愿景互为支援，使人人充满幸福和醒觉，并且非常乐在其中"的生态型组织。

至此，我想请你当下静思片刻，做三个深呼吸，我们一起回顾你所处的组织现况和个人的生命力状态。

在你心中，理想的家庭组织长什么样子？

在你心中，理想的工作组织长什么样子？

你渴望的生命状态长什么样子？

你渴望发展的生命力量是什么？

如果你也想深刻体验运用支援，进行自我探索，聆听你内在清晰的答案，东方心学苑所培育的学习发展教练会是你理想的、免费的、心的陪伴者。

10-2　亲密关系是支援吗？

有一次，我和心教练家庭的孩子们做团体心对话。我问他们："为什么你们会想来参加这次的心对话？"

孩子们说："我想来看看我妈妈到底在学什么。""我觉得心教练很厉害，我妈妈上课之后对我变得很有耐心。"

他们每个人的回答都引得我当场大笑不已。

孩子其实很容易说出心里话，但父母却很难做到。父母的话大多是从头脑出发，充满了比较、评判、要求、指责、愤怒，甚至还有敲打。我曾经请家长们将自己一天当中和孩子们在一起时说的话都录下来，结果回放的时候他们都觉得非常得惨不忍听。

这些父母的交流方式，会不会影响渐渐长大的孩子，让孩子也变得和他们一样难以表达真实的自我？

关于家庭关系中的亲密关系，我和其中一个孩子的妈妈SS进行过一次对话。

Eva：听说你们全家刚从西藏回来，可否分享你们在西藏

10 运用支援（Finding Support）

的一些发生或是你的心情？

SS：西藏的整个旅程，我觉得是愉快的。但是我也觉察到，我们不是一个融洽的家庭。我发现我有自己想去的地方，我有朋友在那边。我说我想去，但我的先生跟孩子都不愿意去，这时候我发现自己有一些变化。

以前我会妥协，会委屈自己，会顺从他们，但是这一次，我感觉内心很清晰，我就是要去我想去的地方，即使他们不去，即使我很疲惫，要赶很早的公交车，我也一定要去。

还有我跟朋友在一起时，朋友邀我去她家喝茶。当我邀请我的先生和孩子加入时，我先生说他要在酒店里陪孩子，就不参与了，我觉得也没什么不好。然后我就跟朋友聊得很开心，聊到彼此的心灵深处，那种深度是我跟先生交谈无法达到的，感觉差距非常大。

Eva：我了解，这是你在亲密关系中的感受。那么，你先生为什么也想去西藏呢？你们是怎么沟通一起去西藏这件事情的？

SS：其实我们没有沟通过，他想去就去了，他做好了所有的安排。然后，小朋友向我表达愿望，希望我也能去。一开始我并不在他的计划当中，之后我跟他说孩子希望我一起去。我有意识到，其实是我想去，我只是用孩子当了借口。

Eva：所以，你平常在生活中是否会如实表达自己的需求？比如你其实是想要一起去的，但是你跟你先生并没有讨论过全家一起去西藏的问题。

SS：没有，我们平时不太交流。

Eva：所以，通常是他做他的计划，你做你的计划，很少沟通。

SS：是的，我们已经渐行渐远，这种状态已经持续大半年了。

Eva：上次你说你们的关系出现问题已经有十年了。这十年，你们彼此有什么变化吗？你们处在什么样的关系状态中呢？

SS：我觉得是处在"失联"的状态。我们既不讨论事情，也不交流心情。

Eva：从认识到结婚，在交往的过程中，你们有过充分连接和很好的交流吗？

SS：婚前还可以，婚后有一段时间也还行，但是都挺短暂的。

Eva：那么是什么带来改变的呢？你们之间发生过什么问题吗？

SS：我很想做自己。

10 运用支援 (Finding Support)

Eva：你很想做自己，造成了你们之间的什么问题？

SS：当我偏离了他认为正确的轨道时，他会极力反对，我得不到任何支援，每当这个时候我们就"失联"了。他会用各种批判、嘲讽、贬低来打击我……他的用词很刻薄，让我感觉很不舒服。

Eva：所以你们的关系改变是从你很想要做自己，而他的想法跟你很不同开始的？

SS：是的。

Eva：遇到这些彼此观点不同的时候，你们是怎样沟通的？你会怎么表达自己？

SS：我以前很容易冲动。我们通常是用唇枪舌剑的辩论方式沟通，结果往往是两败俱伤。我们都会陷入对事情的讨论，不会回归感受，而且各持己见，谁也不退让。

Eva：你们对立了这么长的时间，你试过改变吗？

SS：也有过，我闭嘴或者少说话，只听他说，或者假装认同他，这样表面上会和谐一些。

Eva：你们经过了这么长时间的不和，你希望我们今天的对话有一个什么样的结果？

SS：我觉得目前我们两个人属于"完全失联"的状态。我有尝试去改善沟通，但他已经把心门完全关闭了。我心里有两个声音,一个声音说"我要再试试看,努力去聆听,去沟通",另一个声音说"我好像已经无能为力了"。

Eva:"努力"是指什么?

SS:我可以努力去包容他,去支援他。

Eva:他面对你的包容和支援有什么反应呢?

SS:有时候他也会有一些妥协,比如说减少反对。对他来说,不反对就是支援。但其实他也管不了我,我真要做的事情他是没办法改变的,这是他的无奈。

Eva:这段时间,这两个内心的声音,你倾向于听哪一个?(问心)

SS:第一个吧。

Eva:所以你正在努力。你的努力大概进行了多长时间?其间你们的关系恢复得如何?连接感如何?

SS:有两天我回来得晚,原本打算早点儿睡,但我还是想跟他交流一下孩子的事情。虽然他一直在逃避,不想沟通,但我觉得还是得聊聊。

Eva:他为什么想要逃避?

SS:因为他很害怕跟我沟通,他不想陷入争论。我有跟他探讨过,其实我不是要跟他争论,我只是对他提出的观点有另外一个视角。但是他会把所有这些都归结于是我在跟他争

10 运用支援（Finding Support）

论，他说这种争论会让他紧张，而且很不舒服，所以他会尽量避免跟我沟通。

Eva：你们长期不沟通，关于孩子的教育，你们是怎么做的呢？

SS：他做他的，我做我的。

Eva：最近你们在沟通时，你的聆听和提问，他有什么感觉吗？

SS：他更紧张了，因为他觉得我提的一些问题对他来说是灵魂拷问，他不喜欢这种感觉。

Eva：你想跟他建立连接。你是怎么理解他的感受的呢？

SS：我觉得他的生命状态通常比较紧张，所以他回家后只想放松，不想再进行什么思考。

Eva：他感觉跟你交流很需要思考，这让他很紧张。

SS：嗯嗯，是的。

Eva：现在你内心的那两个声音进行到哪里了？（问心）

SS：我觉得我还不是很清晰。一方面，从好好沟通的角度来讲，我知道他需要什么，他其实只是需要放松。但是另一方面，我又觉得有很多孩子的事情，或者说两个人共同要做的事情，不透过一定的交流很难达成共识，采取共同行动。

Eva：为什么你们的交流让他不能放松？他说过他对你的

期待是什么吗？

SS：他没有很明确地说过，但是他在结婚初期是有说过的，他希望我按照他想要的路子去自我发展。

但目前他好像已经没有什么期待了……曾经应该是有的，他希望我能用更多的时间跟家人一起做一些事情，比如说他希望我能够跟他一起从事他喜欢的运动。

Eva：有没有什么运动是他喜欢你也喜欢的，你们可以一起做的？

SS：他喜欢的我不喜欢，我喜欢的他不喜欢。

Eva：现在，你内心的声音进行到哪里了？（问心）

SS：我觉得是该放手了。我曾经想过放手，但是有牵绊……现在牵绊越来越少，以前有一些安全感的问题，还有经济来源的问题，因为我还在转型当中。现在主要的顾虑是我心里的坎儿——我是否在逃避？等到我看清自己已经完全面对了，不再逃避了，我觉得我就可以放手了。

Eva：你再和自己确认一下，你内心的指引是什么？清晰了吗？

SS：我觉得清晰了。我发现我们双方都一直在努力维持我们的关系，我知道他内心也有恐惧，他害怕失去我。但是，另一个声音也在提醒我"强扭的瓜不甜"。

10 运用支援（Finding Support）

Eva：你觉得他真的拥有你吗？他害怕失去的是什么？

SS：他其实也没从我这里得到过什么，只是一段过去的时光而已。但是过去的已经过去了，我觉得他也在渐渐明白中。

Eva：所以你刚才内心的清晰是什么？你希望你们的关系会有哪些变化？

SS：我希望经过这段经历，我们都能更清晰地认识自己，也认识彼此的关系，认识情为何物。

Eva：这是你的期待。你会怎样促使这个期待发生呢？

SS：我觉得可以开诚布公地和他谈。以前我觉得谈分手是一个禁区，现在我可以比较轻松地去谈、去面对这件事了。

Eva：你说你想轻松地去跟他谈分手，希望通过谈分手让彼此共同成长，你想要的成长是什么。

SS：我想要一份彼此都舒服的关系，不执着，互相包容，是不是跟他继续在一起其实不重要。以前我总是执着于让我们的关系达到我认为的理想状态，现在我要的只是关系，而不是非要和某个人达到理想的关系。

Eva：好的，我请你看一下你所说的行动。你将要去和你的先生好好沟通，他会有一些紧张，但是你准备好了。你有一个跟他谈话的方向和重点，你会在家等他回来，无论他是否紧张和愿意谈，你都会好好地跟他谈。你想让他能够放松地谈。现在，请你想一下你跟他谈话的画面。如果你准备好了，请你告诉我，你会跟他怎么谈？你的重点、你关心的，你会说什么？(促进行动)

SS：我会跟他说，走到今天，我们一起度过了很长一段岁月，彼此陪伴了很久。目前我们都觉得这样的关系不太舒服，能够改进的空间似乎也非常小。如果你觉得我们还能一起改善什么，我也很愿意更深入地交流。如果你的感受是无能为力，我们就一起看看两人要怎么走下一步。

Eva：基于以往你们的沟通都不成功，即使你现在准备好了，打算回去跟他好好地谈，也很有可能再次出现你们平常的沟通模式，对吧？所以你要理清你们的关系到哪一步，你才可以做出决定？(促进行动)

SS：是的。我感觉我需要请个教练，因为对我来说，重点不在于跟他分手或不分手，而是我从这段关系中学到了什么。关于我的生命成长，我想要真正地搞清楚。(运用支援)

Eva：是的，生命中所有的发生，不是得到就是学到。真正学习到了，才能对现有的关系以及未来的关系产生帮助。所以，你想要清晰的是，在这段关系里，你的生命成长是什么。

SS：是的。

10 运用支援（Finding Support）

Eva：好的，我们正在确定短期的目标和行动，长期目标的确定要在你们的关系有了一个明确的方向之后再看。

人生所有长期目标的发展都和当下短期的目标和行动有关。你的短期规划是：你会和你的个人教练来共创，邀请教练陪伴你们在关系中进行有效对话和理清。你希望可以让你真正清晰，你在这段关系中最重要的醒觉和学习是什么。

我们谈到这里，你感觉如何？

SS：很轻松，还有一种清晰。这个清晰是，我知道自己下一步究竟要做什么，而且可行性高，一切都井然有序……以前我总是执着于自己去解决问题，却不知道在不知不觉中自己已经成了问题本身。在对话的过程中，我才真正看到，原来放火的人确实很难去救火。（大笑）

Eva：是的，这就是当局者迷。

SS：是的。就算我将自己调整得很平静，一旦对方不平静，我们还是无法沟通。所以，该请外力帮助时就请外力帮忙，对于如何运用支援，我也有了更深刻的体验。

Eva：是的，你需要先知道自己真正渴望什么（确认目标），然后看清和目标有关的进展（了解现况），展开具有可行性的行动（促进行动），寻找心教练支援（运用支援）。

生命胜任力是由内而外的。当内在化解了干扰，外在就化解了干扰，这样的人生还会有什么问题吗?

生命胜任力是人生修己达人的善循环，内外兼修不仅是自身的修炼，也是专业助人的历程。

生命胜任力是整合东方心学与中国实学形成的可实践的心法、方法、做法，是生命成长与生涯发展的必备能力。

第三部

人间心法,事上练心

——欲成事,先练心——

11　不急、不停、不怕

人生"三不箴言":不急、不停、不怕,是忙碌的现代人非常实用的事上练心心法,适用于所有人。

每当我在课程中分享不急、不停、不怕时,所有人都说大有帮助,容易懂、容易记、容易练。

♡ 不急,是修心

处在当下就不急。因为大脑在当下没有时间,所以处在当下的人不急。

我们脑海中总是在思考过去和未来的事情。

"明天必须做好××事情""做××事情的时间快到了""××事情还没做完""××事情的结果可能很不理想"……这些想法和念头是否经常在你的脑海中徘徊?是否每一个念想都让你着急?

其实,我们本可以不受这些想法和念头的干扰。大脑不只是一个忙乱的大脑，它也可以经由修心，变成一个有觉知的心脑。

心脑合一的生命状态是觉知与大脑同在，处处在有觉知的当下，清晰地、专心地、放松地处理每一件事。

心即觉。一个有觉知的大脑，会自然而然地处在当下，当行则行，当止即止，心无二念。这样的大脑会变得安静、安定、自在、放松、高效。身心脑合为一体，眼前当做什么就做什么，自然而然，一点都不急。

♡ 不停，是修行

当生命自然而然地慢下来，不疾、不徐、不急的时候，生活和生涯就如同时间一般不停地前进着。

不停就像修行，也只是自然而然的行动。这样的行动无论大事小事都是依心而行，心流会自动、自发地心知心行，行动会自然而然地保持待机状态。

有些人只是心里想着不急，他的行动就会立刻慢下来。

全然处在当下，就像时间的流动一样——时间和当下从来没有停止流动，行动也是持续不断，无论是内在的行动还是外在的行动。

当你处在当下安定地行动，不急也不停，就会在每一个行动中专注眼前的所言、所思、所行。

这就是心无挂碍、心无旁骛的生命状态。

当你处在不急、不停的身心状态，自然就不怕了。

♡ 不怕，是止念

人为什么会害怕？因为瞻前顾后、患得患失。人为什么瞻前顾后、患得患失呢？因为大脑里面那些有善有恶的种种念头和思绪，一会儿徘徊在过去、一会儿忧虑着未来。所以，当我们聚精会神处在当下时，只会专心直面眼前正在做的每一件事，正在说的每一句话，正在见的每一个人。没有瞻前顾后，也没有对未来与未知的恐惧，真的是没有恐惧，只有安心。

有人说不知道怎么练心，感觉心是抓不到、摸不着的，因为感知不到，所以觉得这很"务虚"。

"三不箴言"是快速有效的事上练心、达到醒觉的法门。当我们在生活中面对诸多繁杂事务的时候，它能帮助我们时时当下修心养觉。事在、人在、心在、觉在，这是一条"务实"的修心之道。

当我们在忙碌中观照自己的内心是否不急、不停、不怕时，就知道自己的内心处在什么样的状态了。

如果人一直活在不急、不停、不怕中，安心稳定地处在每

11 不急、不停、不怕

个当下,做每一件事,说每一句话,见每一个人,那就是真自在了。这就是"借事练心"。

从此,练心不再是抓不到、摸不着、无从修起的了。

这样的活法,你感觉如何?

东方心学苑倡导的"人人致良知",就是每天不急、不停、不怕地应用 3F(Fact、Feeling、Finding)来发展 3P(People、Position、Performance)。

我们相信,无论世界和市场如何变化多端,人类的心智和意识都一直在探索一个核心,那就是"致良知"。

12　自觉、觉他、觉行，可以致良知

♡ 自觉——"三步觉察"

（1）"三步觉察"的准备工作

1. 捕捉一个让你感觉不舒服的情绪，安静下来，去再次感受那个情绪。

2. 静心观照，看看是哪些想法使你产生了这个情绪。

（注意：是看清情绪背后那些已经发生的观点，而不是再次去分析情绪而产生新的观点。）

3. 觉察到情绪与想法的关联性，继而体验"豁然开朗""知善知恶是良知"。

（2）自觉的功夫——践行"三步觉察"

·第一步，认出情绪

一旦发现不舒服的情绪，先让自己安静下来，深深吸气吐气，看清楚这是什么情绪。这样，你的情绪就会初步得到

安抚。

- 第二步，看清想法

情绪安住在当下之后，扫描一下自己的种种想法：在某种情绪发生之前，是哪些观点和看法触发了它。

当下解惑："啊哈！"是什么想法和观点造成了这个情绪。

处在醒觉静心中，你会看清是什么想法和认为引发了你的某种情绪。

刚开始，你也许会发现很多想法，请保持不分析、不建议、不评判，只是去"看"那些想法，就像安静地看着天空中一朵一朵的白云，直到你豁然开朗为止。

- 第三步，发觉良知

觉知，就是发觉良知。它是人人内心本自具足、知善知恶的良知；它是清晰者，它很清晰生命中的种种干扰和制约；它会让我们当下看清自我在心智中的种种限制性信念，并且明确那些制约之间的关系。

(3) 勤练"三步觉察"，你会发生什么转变？

"三步觉察"可以让你回本心、致良知，它是离苦得乐最快速、有效的人间心法。

勤练第一步，你养成了尊重自己情绪的习惯，因为你不再压抑或否定自己的情绪，而是学着了解和理解。

勤练第二步，你会持续深入了解自己的心智模式，明白情绪发生的背后是受哪些观点的影响，就像是看见了内在的冰山。那些冰山底层存在着感受、观点、信念、期待、渴望等等。

勤练第三步，"啊哈!"，恭喜你发觉了良知，人生持续醒觉即是致良知。

当你经常处在静心和静观中，某一瞬间，生活的一切都将变得知善知恶、清清楚楚、明明白白。

在生活中养成习惯，保持内在行动（"三步觉察"），这是人间心法中的止观并行，可以帮助你时时减压，很好地与情绪相处并将其转化；这是一个从事上练心的醒觉功夫，是觉在世（事）间行。

(4)"三步觉察"的记忆方法

"三步觉察"就是 SBS：

S—Stop，在情绪中停止思考；
B—Breath，实时做深呼吸；
S—See，静观情绪是怎么发生的。

当你有情绪发生时，不要跟着情绪走，这样只会变得情绪化。情绪就像"晴时多云，偶有阵雨"，是人生的自然现象；

但如果不善于和情绪相处，长此以往就有可能变成一个情绪化的人。

所以当你发现自己有情绪时，不妨让自己在这个情绪中休息三分钟，做一做"三步觉察"，它可以解百忧。

练习"三步觉察"的时候，你的内在没有别人，你只是安静地扫描自己那些已经发生的心情和想法。

"三步觉察"是一个醒觉的过程，醒觉良知是人生大事。当内在觉知流动的时候，我们就可以用完全不同的视角看待这些情绪和观点，然后情绪解脱了、烦恼释怀了、关系改善了。

"三步觉察"像是在行动中的静坐。一般人打坐也是为了修炼觉知的功夫，只是必须坐下来什么都不做，而"三步觉察"可以在行动中打坐——有时候你正在开会或是在工作，突然有一个情绪出现了，你的外在看起来并没有发生什么变化，但其实你的内在已经开始打坐了。

"三步觉察"是在生活和生涯中稳定地修行。它可以发展你和自己的觉知关系；这个关系是你这一生最重要的亲密关系。

♡ 觉他——"五步聆听"

觉他的功夫——践行"五步聆听"

- 第一步，聆听身体

透过目光对视、轻松微笑、觉知呼吸，来聆听自己和对方的身体语言。

身心本一体。当我们透过聆听身体来感受彼此，内心很容易就能安静和安定下来。

- 第二步，重复感受

使用对方说出来的语言，重复对方的心情和感受，可以建立同在与连接。

你需要习惯完全复述对方的原话，否则你的大脑将随时介入、增添语句，瞬间切断心流与同在感。

- 第三步，即时回应

人在进行内在探索时会有很多自我发现（比如内在制约、渴望、需求等），你把这些发现即时回放给对方，可以帮助对方实时整合他对自己的了解。

- 第四步，有效提问

在对话中，用心聆听是持续地入心、听心和问心。其中，问心是最直接有效的提问。

问心就能无愧。你会心平气和，心安理得地去做自己最想做的事情。有效提问可以非常有效地觉察制约（比如发现自己和权威的关系）、化解干扰（比如认为自己是不负责任的人）。

就像在醒觉提问中，当我问"这是谁在说话"，对方立刻就会发现这是自己内在出现的两种声音，而这份当下的明白正是生命中最珍贵的觉知。

· 第五步，深层回应

深层聆听才能深层回应。

即时回应，是对方说出来的重点，我当下回放给他，这样有助于连接和聚焦；深层回应，是对方没有说出来的重点，我透过深层次的同理心的回应来引导他，让他对自己的内在更清晰、更理解。

深层回应，是聆听对方内在想表达但尚未表达或是不知如何表达的一些想法和感受。当我对那些内心正在发生的流动做出深层回应后，对方会豁然开朗，瞬间达成深度的自我了解。

深层回应，是将对方想要表达但是当下表达不清楚的部分清晰地说出来，瞬间帮助他完整地认识和理解自己。

♡ 觉行——PPDCAA

（1）事上练心、觉知觉行

PPDCAA 模式的对话，是组织绩效与人才发展的法宝，对于发展心之所向、了解现况、促进行动非常快速有效，值得所有组织领导者关注和使用。

Passion：热情、渴望、心之所向

Plan：目标（确认目标）

Do：行动（了解现况）

Clear：清晰（觉察制约、化解干扰）

Awareness：觉知

Action：觉行

PP 是心对话，即心脑合一的对话。

第一个 P 是 Passion，是你心中的热情，是你为了什么而做。

第二个 P 是 Plan，是你想怎么做，为了实现你的热情，你为此所做的一个规划。

AA 则是在觉知中行动。

第一个 A 是 Awareness，它指觉知，是你在行动中经过醒觉对话才能体验到的高光经验。

第二个 A 是 Action，它指觉行，是你在醒觉之后所产生的心知心行、即知即行。

（2）从渴望出发的绩效辅导

企业里给员工做绩效辅导，常常会使用 PDCA 这个工具，一般的做法是根据目标检查行动，这种方式专注在事情的检查层面，跟人的连接比较少，所以我增加了 Passion（热情，渴

12 自觉、觉他、觉行,可以致良知

望,心之所向)和 Awareness(觉知)。

所有组织的团队都需要能量和能力的提升,复盘与赋能是对症下药的药方。你可以从我的学员和他们的客户的对话中获得体验。

客户:我想探讨的方向和我的企业有关。我先跟你描述一下我的状态和现状。我手里揽了很多事,每件事我都挺喜欢的,所以时间排得满满的我也不觉得累。我会先做我喜欢做的事,等这个业务基本成型了,步入正轨了,我就会把它交给团队去做。然后我就会去做别的我喜欢做的事。最近我感受比较深的一点是,当我把比较成型的业务交给团队去做以后,我和业务团队的连接好像就不太够了。

我们一般什么时候会连接呢?就是这个业务出现问题的时候,大家会来找我,我会和大家一起去解决问题。问题解决以后,我再继续做我的事。在解决问题的过程中,也就是和大家连接的过程中,我发现这个团队的心力、状态可以更好,可以调整。上次学习心领导力的时候,Eva 老师给我做了一段 PPDCAA,我突然觉得用这个方法去和我的团队结合特别好——从关注人,到 PPAA 推动事,非常好。但是最近我再回过头去看的时候,发现我还是一直在做自己喜欢做的事,和团队进行 PPDCAA 的时间不够。

教练：那你当前想要聚焦解决的问题是什么呢？是加强跟你的运营团队的连接吗？

客户：嗯，我感觉团队需要被赋能，团队成员的生命状态可以更轻松，他们可以充满正能量地去做事。我希望每个人都像我一样能轻松地去工作，我觉得这种状态真的很舒服。

教练：那你是怎么做到的呢？你想给你的运营团队赋能，你觉着可以做些什么呢？

客户：嗯……我也不知道我是怎么做到的，好像就是这么一步一步走过来的。尤其是最近这一年，我觉得在很多方面我都是越来越轻松的。

（谈话至此，我接过教练的角色，继续和客户对话。）

Eva：好，我们来继续做一次你喜欢的PPDCAA，就从Passion开始吧。刚才我听到你说，你会做自己喜欢做的事。同时你也希望看到团队的人，他们能够被赋能，能够在正能量中轻松工作。你想要和他们产生更多的连接、信任，为他们赋能，在跟他们做Plan的时候，能够去了解他们的需求，就像现在我在了解你的需求一样，而你现在想要做的Plan跟你以及你的组织里面的所有人有关。这对你有意义，对他们也很有意义。所以我们来看一下，关于你的Plan，上周你都做了什么。你说你做了很多自己喜欢做的事，赋能和连接也是你喜欢做的事，那么关于团队的 Plan 中，有哪些是符合团队需求的？上周跟 Plan 有关的行动都有哪些呢？

客户：嗯，上周我们开了一个会。我选了一个主题——服务企业，我们就开了一个有关服务主题的研讨会。从提升服务的角度，我给每个人重新定了一部分的工作。他们现在的工作，是有一个清单的。然后我从另外一个角度——怎么提升服务，又给每个人重新梳理了一些工作出来。我开这个会的目标就是做 PPDCAA，我想打破原来的工作方式，让大家从一个新的维度去认识我们所从事的工作，这就是我上周做的 Plan。

Eva：嗯，你在刻意做调整。上周的会议，你把公司的会议形式做了调整，你觉得这个调整达成了连接跟赋能的效果吗？

客户：通过上次会议，我看到了每个人对服务的理解，也看到了每个人对工作都有一部分需求的表达。他们认为最好的服务是什么，他们觉得自己需要被支援的或者自己能做的、想做的是什么，我把这些需求进行了整合。先搞清楚每个人觉得哪些工作是重要的，然后我会让他们每个人去负责他们自己认为最重要的一件工作。这时候就有心之所向的目标出来了。

Eva：嗯，很好。你觉得开会的时候，他们的状态、你对他们心力提升的作用，还有你们对话的效果如何？

客户：我觉得跟以前的会议很不同。以前基本上是他们说，我来评价，就像在做最后的评判一样。或者说我会有新的要求和新的安排出来，那种交流是单向的，大家很不情愿地把自己的工作说出来——其实很多都没做到——然后我就会直接说要怎么调整，大家说"好的"，这个会议就结束了。但上次的会议很不同，每个人都有自己的表达，而且每个人都有被听见、被尊重的感觉。每个人认为最重要的事情，我们也作为公司重要的事情去做，大家有一种被认可的感觉。

Eva：很棒很棒。你看，组织的改变就这么迅速地发生了。原本你做的是指导，直接告诉他们怎么做更好；现在你增加了辅导，然后你可以听到他们的心声，了解他们做的事情，他们也更乐意主动地跟你讨论。所以，你已经在进行团队的连接跟赋能了，对吗？

客户：哈哈，是的。那次会议令我印象很深，我觉得的确有了很大的变化。

Eva：真的很棒！所以作为一个领导，你现在既会指导也会辅导啊！这是你上周第一次做的 PPDCAA，你打算怎么持续推进它呢？

客户：按我原来的计划，这周是要去检视他们的。每个人领了一项服务工作后，我需要去检视他们 Plan 的部分，和大家一起讨论他们各自负责的工作，看看他们的 Plan 是怎么规划的。这是我这周的工作计划。

Eva：有先约好检视谁吗？

客户：已经和大家说有这个安排，就是这周我们会每个人都过一下 Plan，让大家做好准备。然后今天我会和他们确认时间，看谁准备好了，然后开始进行。

Eva：很棒很棒。现在你已经把以前指导式的会议转变为有辅导、有连接、有赋能的会议了，然后你还会增加一对一的 PPDCAA，是吗？

客户：是的，一对一的 PPDCAA。

Eva：我觉得你已经在 PPDCAA 的轨道上了。你在原本的会议模式中注入了心的能量，也改变了领导作风，现在又增加了一对一的 PPDCAA——你觉得如果你的团队在这样的定期辅导中前进，对于团队的变化，你会看到什么样的画面呢？

客户：我现在连接到的和我想象到的那个画面就是，我期待每个人都能按自己当下的状态来成长，就是每个人都越来越清晰，每个人都越来越轻松。每个人都能自主地成长，而不是被我拔苗助长。

Eva：非常了解！这是你的经营理念，你想要尊重他们，你也想要辅导他们，让他们更清晰，让他们学会轻松工作，就像你一样主动积极地去做每件事情。这是你和团队发展的蓝图，他们会在你的团队会议和一对一的 PPDCAA 中成长。

如果我定期来跟你做这样的 PPDCAA，你感觉怎么样？

客户：我觉得对我会是一个非常大的促进，我的感觉就是自己也需要 PPDCAA。

以上这段 PPDCAA 绩效辅导实际只用了 6~7 分钟。客户是一家企业的负责人，他觉得自己获得了非常大的帮助。

PPDCAA 是领导者发展心领导力的非常重要的工具，有利于组织的人才发展、绩效辅导、觉知行动的落地。组织里再优秀的人也需要辅导，因为每个人都受困于心智模式产生的心脑之间的纠结。所以，领导者有必要透过辅导来发展个人的觉知与组织的绩效。

发展人，就是发展绩效，就是发展生命胜任力。

心领导力是一种让人潜移默化、由内而外地改变的力量。

13　事情、心情、发现需求
　　（发展 3F）

3F 理论是学习教练能力的第一堂课，课程内容是需求分析——通过 3F 对话了解需求，因为了解需求是了解人的关键。

Fact：发生，事情

Feeling：感受，心情

Finding：发现，需求

人的需求千差万别，理不清需求，想要了解人、了解关系也就千难万难了。

接下来，我们用 3F 对话来了解人以及人的需求。

以我和学生 T 的某次对话为例。

Eva：你说你想学习教练对话，先来体验一下。(Fact)

那么，你今天想体验什么？你是最后一位，前面听了很多同学的故事，你有什么感受吗？(Feeling)

你对本次体验的期待是什么？(Finding)

13 事情、心情、发现需求（发展3F）

T：我刚才正在想，老师如果跟我对话，会是什么话题？您刚才和大家的对话给我带来了很多触动和启发，我看今天的话题大部分都是围绕着"关系"。我也想说一下我在这方面的困惑和固有的模式——我是一个很害怕竞争的人。

Eva：你害怕竞争。（重复感受）

T：对，我是一个非常害怕竞争的人。我不知道到底过去发生了什么让我这么害怕。我有一个很阿Q的思想，或者说这是我的一个限制。不用直面竞争的时候，我头脑里有一个认知，觉得自己也不用去争什么了，把自己能做的做完，至于成果，是我的就是我的，不是我的就不是我的，不需要多说什么，只管发自己的光就行了。至于其他该做的事，我往往不够主动，也不积极。

有人找我，我就听一听。如果我对自己没有信心，那我宁可不做——如果他再来，我就再考虑一下，如果他不来了，那就算了——我就不是那种积极主动的人。我觉得身体里有两个自己，这是我目前的状态。

Eva：嗯，了解。

T：我想在这里跟老师反馈一下，也许我的心态会变得好一些，但这个问题还在。

Eva：你刚刚有提到"关系"和"心态"，你发现自己不

够主动,这有影响到你的什么关系?(Finding)

T:我在工作场域中,比如办公室,是一直在变的。别人看到我在变并不会善意地对待我,这是我的感触。

Eva:嗯,了解。

T:有时候我选择不去理会,因为别人评判我的时候,我已经跑出去很远了。但是我的情绪会有波动,只要离开那个场域,我的情绪就好了……这种状态持续有一段日子了,所以我在想我是不是对"竞争"这个话题还有一些障碍,让我一直"卡"在这里。这是我的感觉。

Eva:你觉得问题跟"竞争"有关,是吗?你提到了两次竞争。(Finding)

T:对,我觉得跟竞争有关——大家可能觉得别人好就是自己不好,其实这属于二元对立的观点。

Eva:所以,不管是不是竞争的问题,你的心态、状态还有工作关系,哪一个是你希望发展得更好的呢?现在你并不确定问题是否出在竞争上,但是对于你能确定的,你是否有什么希望?在关系中或工作中,你有什么希望吗?(Finding)

T:我不知道这是不是自己内心对理想目标的投射,但我总是希望或者是认为,关系应该是和谐的。这是我的理解,我希望所有的关系都是和谐的。

13 事情、心情、发现需求（发展 3F）

Eva：是的，这是你的希望。不管人生中的关系是不是和谐的，你都有这个希望。(Finding)

T：对，我有这个期待。

Eva：对你来说，关系和谐具体是一个什么样的状态？能举个例子吗？(继续深入 Finding)

T：我觉得和谐是一种流动的状态。就像德芙巧克力的广告，说到关系的时候，我就想起那个广告的画面——有一条丝带在每个人身上滑动。一提起关系的话题，我就会说关系就应该是这个样子的，哈哈。

Eva：是啊，我看你此刻很喜悦，很开心，是流动的，丝滑的。(Fact, Feeling, Finding)

T：对的，哈哈。

Eva：那么在你现有的关系里面，有没有哪一个关系能让你体验到这种流动的、丝滑的、开心的感觉？(继续 Finding)

T：好像曾经都有过……本来是流动的，但一下就不动了……总的来说，现在我和家人的关系更多的是处在流动的状态，但跟其他人的关系会突然面临卡顿。当我离开这样的场域一段时间后，又会恢复流动的状态。

Eva：了解。家人常在一起，所以你可以经常体验到那种流动跟丝滑的喜悦。和其他人的关系就是有时候流动，有时候又停止流动。(Fact) 那面对这样的状态,你感觉如何?家人的关系,与其他人的关系,你的感受是怎样的?(Feeling)

T:感觉还好,因为我觉得可能是我自己把关系分了一个层级,有些关系不流动也无所谓,如果能慢慢流动,那就继续。我们在外面工作的时候,面临各种复杂的关系,已经很难受了,所以在家首先要让自己跟自己舒服,自己跟家人舒服,再由内而外地,把舒适的范围慢慢扩大。

外面的工作关系很复杂,有时候也没办法。先让自己跟自己舒服,跟亲近的家人舒服,外面的关系就随缘吧。

Eva:了解。在工作中,你面临很多复杂的关系,所以回家对你来说就是一种休息和缓解。你让自己在家待得蛮舒服的。

所以,你其实平衡得蛮好的。外面的复杂,家里的放松。外面的复杂可以(容忍)你就继续,不可以你就随缘,顺其自然。这样也就没什么问题了,挺好的。

T:我觉得有些人就是随时、随地、随缘。我相信每个人都有自己的因缘,充分相信。

Eva:是的。好呀,所以我们没有什么问题需要解决?(一起大笑)

T:我觉得自己对这样的对话特别期待。每次跟教练说这

13 事情、心情、发现需求（发展3F）

个话题，她问我是什么样的感受的时候，我说就是"丝滑的"，这成了我们之间的一个暗语（笑）。我觉得这种关系以后是可以实现的，至少我们这个群体是慢慢聚拢的，是在一起的。

Eva：是的，我们当下就蛮丝滑的，对吧？

T：对对对。（笑）

Eva：很流动，很丝滑。

T：我们之间不用太多的语言，这种感觉就已经有了。

Eva：是的。我相信你跟心教练同学们的关系也是，无论是在上课的时候，还是在下课的时候，大家都在这里，在许多复杂的关系中，仍然可以发展出丝滑的流动，这是我们共同的理想。我们都很喜欢，很开心。

14 人、角色、成果
（发展 3P）

♡ 发展人，不只是发展培训

每个人都是为了担任某个角色而进入组织，有角色就有任务和职位（Position）。同时，每个人在组织里中扮演的角色都有相对应的责任。

责任常常让人无法区分人和事，因此角色跟人也是常常分离的。

人总是为了千方百计地把事情做好而忽略自己和他人的感受。也就是说，你在负责某个任务的时候，只会关注角色的职责："我是品牌部的，我只管品牌做得好不好。""我是财务部的，我只管把财务做好。"当你只关注和你有关的事情，就形成了本位的心态，因此组织内部经常出现"各部门各自为政"的对立关系。

如果每个人在关系中只有角色，那么角色中的人在哪

14 人、角色、成果（发展3P）

里呢？

事实是，无论你在家庭和工作组织中担任什么角色，你都必须根据场合持续转换角色，但始终没有换的是你这个人。

所有的角色和任务都可能因为各种变化而改变——人可以换岗位、换部门、换身份、换关系，什么都可以换——但换来换去不变的还是你自己。

所以组织在发展所有角色和任务的同时更要发展人，让处在组织变动中的人都能及时胜任新的角色。

具有心领导力的领导者通常不会忽略人，他们非常重视以人为本，并且因材施教。他们的心中了解，任何一个角色，若要胜任、愉快的关键都是因为这个人的内心状态是稳定的。

所以组织领导者在促进事情的成果和绩效时，也要促进人的成长和成果。如果人成长得更好，他所负责的任务也会更好，成果和绩效自然也就更好。

♡ 生态型的组织是发展人、发展绩效

每一个企业和组织都关注绩效，否则无法生存。组织若不能生存，个人就只能更换组织。每当更换组织时，人就会把自己的问题带去新的组织，这使得组织越大人的问题也越多，所以组织的一切问题其实都来自人的问题。

♡ 组织的生态发展，取决于人的心态发展

绩效是成果，人是因果。人通过各种角色产生成果。

想要改变成果，首要改变人；想要改变人，首要改变心态；想要改变心态，首要改变心智，而改变心智需要心内学"心脑合一、致良知"的心对话。

想要改变心态，首先要改变心智，这是我在组织里做辅导时的三个核心目标：

Person：辅导人

Position：辅导角色

Performance：辅导成果

人、角色、组织构成一个整体。

发展组织，就是发展人和角色的功能。心教练的晨练是一个运用学习型组织来发展"觉知+绩效""成长+成果"的过程。在这个系统学习的过程中，透过练习三个专业的角色——心教练、观察员、督导——可以逐步发展生命教育和教练的成果。

透过转换和转化不同的人和角色，可以达到人和角色的同步成长。不论是做教练、做观察员还是做督导，每个角色处在当下都会出现自己和角色分离的现象，大家就是在这样的做中

学、做中修、做中觉的系统中，真正获得了一个整合的生命状态。

辅导组织绩效，就是辅导3P。

15　借事修人

我有一位学生是企业家,他在新冠疫情期间问我:

"企业家在面对疫情的过程中,不可避免地,可能关注事要大于关注人,我在身心焦虑中很容易去抓任何能够让公司活下来的事或方法。现在,95%以上的社群分享都是关于方法论的分享,大家都想快速拿到什么方法,让自己不那么焦虑。"(理清:焦虑的是人还是事?)

在这个过程中,大家以为自己关注更多的是事,而不是人。但事实上,在危机处理的过程中,人的状态才是关键。那么,应该如何转换视角和焦点呢?(聚焦)

对企业家而言,疫情带来的既是生命的安全问题,也是企业的生死问题。

我们来思考两个问题:

· 如果用一种经历生死的心态来看待企业当下的挑战,你会怎么看?

15　借事修人

· 企业经营是件长期的大事，如果你把对此事的关注放在和这件事有关的所有重要的人身上，你会怎么做？

在焦虑中，人会下意识地渴望抓住任何能让公司活下来的方法，这是很自然的。只是所有的方法都需要靠人来有效执行。组织中所有有效的方案是有效的人拿出来的。有时候你得到了很多很好的方法和方案，但是你仍然很焦虑，因为你找不到真正能执行的人。

如果关注事而不关注人是正确的，那么当事情执行的结果不理想时，为什么都是找负责人呢？所以，我们必须了解一个事实：所有事情处理的好坏和结果，关键都在于人。

因此，企业越是身处困境，越要关注人的身心状态，清晰地意识到只有依靠人才能创造转机，而创造转机通常来自人的内在心智，而不只是外在方法。就像是所有问题都是由企业家这个人在面对，而不是由他的职位来面对。

企业家大都习惯就事论事，面对突然袭来的危机，首先关切的是现金流的问题、停工的问题、转型的问题，以及如何稳定经营的问题。在和他们对话的时候，我会先安定他们的身、心、脑。一个人在内心稳定的状态中去思考如何解决问题的效果会特别好。

很多企业家满脑子想的都是：你赶快给我个一二三，我来参考一下怎么解决这些棘手的问题。

当与我谈话的人的思维处在这样的状态时，我会引导他先和自己建立连接，亲身感受一下自己，避免在大脑紧绷的状态下思考解决方案。一般人会用"大脑"来分析和研判解决方案，而我教导他们用"心脑"来转化问题，他们常常会由此发现许多意料之外的创新和创意。

阳明心学中有着大智慧的"四句教"说"有善有恶意之动"，我们大脑中的意念有时能解决问题，有时也会创造问题（大脑的本质是二元对立）；"知善知恶是良知"，心脑整合让我们在良知中思考，不仅能非常清晰地看清现况，还不会被眼前的问题干扰。心脑合一让我们能够在内心的澄净中清晰所有正在发生的问题和困难。

当我们关注人，就能更好地解决事，因为所有的事都是靠人来解决的，人的状态会直接影响事的成果。

我们要透过每一个行动，将『觉知』活出来。

16　复盘与赋能

复盘是东方心学苑随时随地都在做的事情。

有效复盘是组织发展中人才培育的法宝。

有效复盘与赋能有八字箴言：

连接，是连接人。

聚焦，是关注事。

理清，是醒觉与清晰。

赋能，是提升能量与能力。

"这次做得不好，我很自责……"

"自责，你是说自己做错了什么吗？即使是真的做错了也不用自责，因为你已经看见了更好的机会！所以，关键是接下来你如何做会更好。"

16 复盘与赋能

♡ 工作中的复盘

（1）工作中为什么要复盘？

我在教导高管时，常常听到他们说下属不断地来问他们这怎么办那怎么办，每次他们都会很耐心地给予教导和指导，可是下属怎么就一直学不会呢？

因为领导者还需要融入"如何辅导"，教导是让下属知道，辅导才能让下属做到。

复盘正是在工作中对团队进行教导与辅导的机会，可以让人学会如何将任务执行得更好。

这是一种 On Job Training（做中学）。其实每个人都想得到更好的自我发展；每个人也常常害怕自己做得不够好，害怕失败和被批评，所以复盘就是每个人与组织共同成长的需求与解决方案。

复盘可以让人在繁复的人性中不陷入害怕、逃避、指责，而是转向追求"自我更好"的可能性。

有效复盘的功能对组织发展绩效来说至关重要。每个组织的领导者都期望员工能自动自发、自主积极、不怕犯错、勇于负责、不断创新。那么，这些积极正面的心态和行动从何而来呢？领导者如何培养和实践呢？

东方心学苑的有效复盘与赋能就是这样一个孕育组织养分的超级容器，它用复盘给组织生态带来了发展人、发展绩效的双核心效能。它用复盘做组织人才发展和培育，大大减少了许多冗长的工作会议，提升了每个人在工作中的效能，实现了个人赋能、组织赋能。

（2）什么时候做复盘？

举凡组织里的各项会议和活动，都可以透过复盘进行学习与发展，例如：跟客户开会后，销售拜访后，项目执行的前、中、后阶段都可以透过复盘提升效益。

关键行为指领导者（主持人）在复盘过程中能为团队成员带来醒觉成长、学习机会以及人人渴望的"更好"的行为，它的背后是组织发展绩效和实现永续经营所必备的心领导力——领导内心的力量。

（3）谁来主持复盘？

1. 生态型组织教练。
2. 领导是团队中重要的复盘者。

发展团队、达成绩效是领导者的使命与任务，复盘对领导者来说是好用又重要的工具。

3. 同事间也可以互相复盘，从中得到相互的学习和提升。

4. 你也可以给你的客户复盘。赋能式复盘会给对方带来很多惊喜和收获，也会促进你与客户之间深度的连接和信任。

（4）赋能式复盘的心法和方法

1. 连接：连接人的心思、心情和思考，感知对方成长的渴望以及如何做得更好。

2. 聚焦：引导对方聚焦关键行为与关键任务，让他看到自己能够做得更好的关键点。

3. 理清：在复盘中，透过事件、行为和心智模式进行醒觉和转念，引导对方发现更好的思维与行为；不使人落入心智模式的制约。

4. 赋能：当人的需求得以实现，制约得以转化，自然会涌现出强大的行动力和清晰的目标，这就是赋能。

♡ 复盘案例：醒觉日会议

背景：醒觉日是东方心学苑每年的重要公益活动，2017年开始由当年的导师班毕业学员策划组织。醒觉日的目的是人人在当下体验，回到内心，发觉良知，感受到内心美好的力量。

以下案例复盘发生在一次策划会议之后，会议目的是

"如何设计醒觉日当天的活动流程"。

时间：60分钟

摘录复盘过程（原文逐字转录）

Eva：现在我们来做昨天晚上关于醒觉日会议的复盘。大家先回顾一下昨天晚上的共创过程，大家共创了什么？其中有很多是可以在"做中学"的，我们今天来复盘心领导力。

醒觉日的每个工作小组都是这项活动的领导者，所以每个小组的主理人都需要复盘心领导力。作为主理人，我们来看看昨晚会议中有哪些是大家的共同学习点。

11月11日醒觉日当天，我们会和所有前来参加的人建立连接。这些朋友，他们不知道你们设计了什么活动内容，最主要的还是他们处在当下的连接感，所以不管是动态还是静态，所有活动都是大家建立同在、彼此相连的过程，关键在于是否可以和他们都连接上。现在我们就来复盘"关于觉知、连接、同理的状态"。

在醒觉日当天的现场，你们每个人会上台做教导。平时我们已经做了很多训练——讲课是训练，晨练是训练，心学会等也是训练。

醒觉日对大家而言还是一样的"做中练"，练习如何教导和辅导。经过了学和练，你才能真正去教（Learning Practice

16 复盘与赋能

Teaching 法则），因为我们的教导是活学活用，是用生命影响生命。你可以用自己的生命发展来教导每一个生命的自我发展，辅导每一个生命的成长。

昨晚我们的会议进行了两个小时，大家在"做中学"的状态如何？你们感觉自己学到了什么？

昨晚的会议中有许多不同的角色：第一届导师班、第一届各组负责人，现在正在紧锣密鼓要出场的第二届导师。我们一起在会议里OJT（做中训练），进行了两个小时。在这个过程中，我们到底学到了什么，觉知到了什么，这是大家想要复盘的重点吗？

今天早上我想W做今年醒觉日的总导，大家支持吗？

大家：支持！

Eva：总导常要出现、表现、贡献，所以得到的福利也最多。（大家笑）

连接：复盘的开场做了全方位的连接。连接了参加会议的每个人，连接了醒觉日的意义，连接了每个人目前在心教练体系中的学习——觉知、连接、同理心是心教练的核心学习。

聚焦：会议伊始就清晰了复盘的目标，即在觉知、连接、同理心上学到了什么。复盘对象聚焦在主要的会议主理人W。

以下复盘过程，是心教练的核心技术之一，"五步聆听"

贯穿始终：聆听身体—重复感受—即时回应—有效提问—深层回应，这五步是做到连接、聚焦、理清、赋能的关键技术。

Eva：W，你觉得你的领导风格是什么？（有效提问，聚焦主题）

W：我昨天开完会回去的路上就在跟大家复盘，我感觉，我有控制……

Eva：你感受到你有控制。（重复感受：让被复盘者感到被听见、被理解，感受到复盘者全然的关注，产生紧密连接。）

W：我还感受到，我的心中有一个目标：醒觉日的目标是要"包醒觉"，这个目标一定要实现。这是我心中一个非常坚定的声音。在过程中，流动在这个目标上的时候，我就很放心。我觉得这个目标一定要实现，因为当我感觉目标不能实现的时候——"这样下去，就实现不了了！"——我就会有点急。

Eva：你看到了自己的一个心智模式。（即时回应：帮助被复盘者提炼重点和关键。）

W：对。不仅是昨晚，我也在觉察我以前的领导风格。平时在组织里我的风格也是这样。

Eva：也是这样……就是有一个目标，无法实现你会有点急，然后就会出现控制。（重复感受、即时回应）

16 复盘与赋能

W：嗯。平时开会，我会选出几个重要的角色，角色们在行动了，我就比较放心。有些角色自动自发，比较容易出成果，但有些角色会产生停顿……

Eva：他们一旦停顿就会需要你来辅导，这就是心领导力中说的"领导需要做辅导"。当人产生停顿的时候，领导要怎么辅导人心呢？（有效提问，帮助被复盘者看到可以做得更好的关键。）

W：我觉得昨晚我的辅导做得很一般。

Eva：作为一个领导者，当你有了目标，有了角色，有了团队，你会怎么教？怎么辅导？还有怎么督导？这就是心领导力。（有效提问，帮助被复盘者看到可以做得更好的关键。）

（此时运用团体动能。）

Eva：我给大家一张纸条。现在，我们用 W 做案例，大家来进行团队共同学习，给 W 一个反馈：如果让你用一句话来形容她的领导风格，你会怎么说？大家写好了交给我。我想看看我们共同看见了什么，每个人在注意什么，在 ASOC 中关注什么？（ASOC 代表对自己、对他人、对场域的觉察与发现）

请将所有你的看见、你的发现、你的感受、你的祝福，全部融入这一句话中。（从脑入心，从人性到人心：通过团体成员的观察给主持人反馈。把这个反馈作为一个"礼物"，促进大家学习无善无恶地表达心中的知见，同时避免让 W 勾起大脑中对反馈、建议的害怕和抗拒，引导被复盘者 W 从大脑转入心脑的开放。）

（大家各自写纸条，写完交给 Eva 老师。Eva 看完，交给 W。）

Eva：对于大家分享的这些反馈，你可以进行即时回应，如果你有想要提问的，有想要深入探索的，有想要理清的，或是有想要得到更多说明的，都可以提问。

W：我看到大家都在说"连接"……我想知道……人和人的连接是怎么发生的？……

（Eva 老师和同学们都笑了起来。这时候的气氛变得很轻松。同学们说："我们昨天刚问过这个问题。""去年的醒觉日也问过这个问题。"）

W：我的发现是，昨晚我在表面上好像和大家有一个连接，可是在深层……人和人之间很深的连接是怎么发生的？我突然发现，这个点我还是不明白……（被复盘者觉察到了自己渴望自觉更好的点，产生了目标和一股动力，想要做得更好。）

Eva：是有一点剪不断，理还乱……（深层回应）

16　复盘与赋能

我们做醒觉日是为了提升人们内心的力量，如果来了一百个人，他们正在为各种忧愁而烦恼，或者他们需要拨云见日化解情绪，那么我们帮助他们提升心力，就是引导他们发现自己内在的觉知，体验内心的力量。内心的力量可以从同理心、从对人的连接、从觉知来生发……（连接：把 W 的问题和醒觉日的目的连接。）

人与人之间的深层连接是怎么达到的？首先要看看同在进行得如何，觉知发生得如何，同在感和觉知力是否有发生，对方在哪里有需要而当时却没有发生。

人们为何感受不到连接？因为同在和觉知出了状况。同在和觉知为何出状况？因为大脑中的思维被掌控了，觉知的意识能量无法流动，连接自然就会中断。（理清：理清连接和中断是如何发生的，理清问题的关键所在。）

W：对，我当时就感觉到了。

Eva：那么在那个时候，你是否看见了你的同理心？对于当时别人所说、所问的话，你的感同身受是怎样的？（聚焦：使会议做得更好的关键点：同理心。）

感同身受的能力是一种对他人深层的了解。这个了解包含了所有对方说出口的以及还没有说出口的话。

透过感同身受，领导者在每次的会议中很容易与团队成员建立连接,这有助于领导者控制现场,连接现场的每一个人,因为每个人的内在都有一些说出口的和没有说出口的话。

这是同理心在会议过程中的活学活用。如果没有发挥同理心,人和人的沟通与连接就中断了。

Eva:好,现在对于"连接",你连上了什么?(连接:复盘和说明后,连接被复盘者,了解被复盘者当下的学习状况,可确认对方的学习成果。)

W:嗯,我很有感觉了……首先,我发现我在强化同理心方面做得非常少。

Eva:在哪一段?如果你要强化同理心,你会怎么做?(聚焦:通过提问使对方的学习成果更具体、更清晰。)

W:有两个地方,我感觉我可以做同理心。

Eva:是的,就在这里,你看看,大脑通常是怎么处理问题的?

W:我现在的发现是:当时对方就是累了……我也可以对她感同身受了,然后我会说:是的,上了一天课,我们的确都有点累,所以如果还有几分钟的时间,我们今天就做一个收尾,你看可以是什么?

Eva:现在,这个发现对你的意义是什么?

W:我觉得这就是和人有很好的连接感……

16 复盘与赋能

Eva：所以，你已经明白了哈。(理清：帮助大家清晰问题背后真正的问题是什么，也帮助了被复盘者看到自己行为背后的心智模式，这是组织中真正能够解决问题的核心能力，也是促进行为改变的关键。)

Eva：此刻我们正在做醒觉日的辅导，很感恩有此因缘，使得大家可以一起成长。我也很感恩会有一百人前来，使得你们可以分享每个当下的醒觉。

这些所有的作为其实是一个整体的存在，而这个整体的存在并不是我们这群人创造的，我们只是同在和感恩。

个人的成长就是组织的发展，个人成长的速度就是组织发展的速度，所以我们要多多地练习和学习，在每次练习中学会真正的看见：

我学到了什么？

我做了什么？

今天和昨天的发生不同，不一样的学习是什么？

连接如果有1—100的深度，我的现况是什么？

我们与他人的连接是一分一分发展起来的，从我到我们之间，越来越不同。所以说建立连接是与人相处的关键，它的发生路径是从事到人、从人到心。

17　生命的意义是整合

关于整合，你曾有过的体验是什么？

它是我们从出生开始就非常需要的。母亲温暖的子宫内孕育、发展着我们的生命，那个时候的我们是那么安全、安心和自在，完全处于衣来伸手、饭来张口的状态，什么都不用做。从母亲发现自己体内有了一条新生命开始，我们就在不断地成长、成长、成长……

突然有一天，我们成熟了，开始挣扎着突破安全区，这个出生的过程就意味着和母体的分离。我们开始努力挣扎，因为经由产道出生的过程，我们要面对非常多的挑战，母亲也要面对非常巨大的痛苦。痛苦到母亲要大叫，大汗淋漓。感受一下那个生命出生的过程，我们诞生在这个世界上的第一个生命经验，就是受苦和分离。每个人都是痛苦地出生、哇哇大哭，然后开始经历分离、冰冷、独处。

生命的整体到底是什么？

17 生命的意义是整合

没有生没有死是真的吗？

空性是什么？

我们要如何与整体会合？

人类的共生、共创、共好是怎么发生的？

我不知道你是从几岁开始探索这些问题的，但一定有很多人问过自己："我是谁？""我为什么要来到这个世界？""我来这里就是为了受苦吗？"

生命整合的理想状态是：不再创造痛苦，不再陷入不安，清楚地知道"我是谁""我为什么来到这个世界""我来到这里是要做什么的""我出生的时候大哭而来，我死亡的时候会大笑着离开"。

这个从出生到死亡的过程，就是我们生命的整个历程。有生必有死，生死之间，我们看到自己是如此孤独。没有人陪我们一起生，也没有人陪我们一起死。生命的长短就在生死之间。我们这一生怎么步步走向整合？如果出生是分离，到了死亡，我们是否得到了整合，而不再是孤单、恐惧和困惑？

我从小学开始写觉察日记。虽然当时我还不知道自己真正的身世，但是我一直在探索我和家庭的关系，我和父母的关系，我和兄弟姐妹的关系，我和同学的关系，我和老师的关系，以及我和我所喂养的那群兔子的关系。我不断地探究生命，重复思考、探索和写日记的行动。

小时候，一直在与自己进行心对话。透过对话探究生命，观察家人，也思索关系。

我把这些困惑和心得都写在日记本里。现在我的书柜里还躺着非常多的日记本，它们是一路陪伴我生命成长的里程碑。

从小学开始，我每年都会给自己买一本新的日记本。从挑选封面设计到考究颜色质感，我像是在找一个最令我喜悦的、最能触动我的陪伴者。

这个我特别喜欢的日记本里，记录着每天我和自己的心对话。我发现从小学开始，对于生命中的情感、关系、渴求……我是很敏感的。

♡ 心生涯整合

大学毕业后，我进入了一个心理辅导机构——张老师，一个以"志愿者服务"为主的公益组织。这里奠定了我对生命与生涯、专业与志业如何整合的学习基础。

在机构里，我每天会接听许多诉苦和哭诉的电话，深感人间疾苦。

为了寻找生命真正得以离苦得乐的究竟之道，我寻寻觅觅地接触了五种宗教，参加过完形心理剧，所有这些在生命教育

17 生命的意义是整合

的学习与探索以及在"张老师"第一线的实践服务，历经了十年的知、修、行。当我的生涯发展在 1992 年转向企业教练服务的时候，我对于生命和人心已经有了深层的理解。

心生涯是"依心而行"的生涯发展。

心学苑所提供的心生涯辅导是一个生命与生涯完美整合的过程。每个人的生涯发展都是从生到死，没有人知道究竟是长是短。有些人将生涯发展视为职涯发展，但事实上，生涯规划并不只是工作选择问题，生命中的所有角色都深深地影响着生涯与生活质量。

同时，我们的生涯与生活的质量又与生命的状态息息相关。每个人的生命状态都会直接影响他们的生活关系和工作稳定性，所以发展生涯是发展生命。

心生涯辅导是关心人与关注事，PPDCAA 与生命胜任力的理论和理念都在于整合：生命由内而外、从人到事、从生命到生涯，完全是一个大的整合。

♡ 身心脑整合

1995 年，我的心生涯发展经历了一个非常重要的体验式学习。当时我第一次去印度，在一个国际身心整合小区，我经历了生命中第一次身心脑的整合。

当时我正在经历一次人生的重大抉择，举棋不定、犹豫不决。在一次 Psychic Massage（灵性按摩）的心对话中，我突然明白，生命中所有的恐惧完全来自我们对未来与未知的臆测：如果你往正向思考，你就对未来充满信心；如果你往负向思考，你就对未来充满不安；但不论你怎么想，未来都不会跟随你的想法，未来本身就是未知。

所以我们对于未来的发展，究竟是跟随大脑的分析，还是跟随心之所向呢？都说"人生大事听从心"，但很大的问题是，人对自己内心的聆听力太弱。

我在印度深刻体验到身心脑整合后的那种安心与安定，让我的心生涯发展在那一年有了重大的转型。

2020 年是全世界极为特殊的一年，所有人都在担心新冠疫情所带来的危机，百业消沉。很多人要面对生活的挑战、家庭关系的挑战、集体失业与企业经营的危机、夫妻关系破裂……所有的不安全感似乎都跟这一次的疾病有关，没有人能预知未来。

每当面对变局，你的生活过得如何？心情如何？生命状态的稳定性如何？工作抉择怎么做的？脑子里经常想些什么？

你知道吗？无论世界变成什么样子，你的生命状态和你的生涯发展还是取决于你的身心脑的整合状态。

对于这一点，走在东方心教练大道上的每个人都能感同身受，用生命做见证。

试试看在每个当下去关注、观察你的大脑，对于未来，它通常是给你创造恐惧，还是创造安心？事实上，每一个未来都在每一刻的当下，只要每个当下都是安心的，未来就是安定的，不是吗？

♡ 三练整合——训练、教练、修炼

在东方心学苑，所有的学习和服务都会来到整合。在这里，我们分享无数的生命之书，每一个生命都是一本独一无二的好书，需要精读；我们陪伴和孕育着每个生命，期待他们都能真正读懂自己这本唯一的书，进而活出生命生涯的整合。

我和心教练的教练、导师们有着很深的心生涯缘分。过去20年，在这大千世界，茫茫人海，我没做过宣传，也没做过推广；不太写简介，也没有销售团队；每个有缘人都是自然而然、因缘际会，陆续来到心学苑的。

在这里，大家发展生活、生命、生涯，也发展专业、事业、志业。

♡ 我们用生命陪伴生命，用生命发展生命，坚持做一件比生命还长的事

市场上充满琳琅满目、五花八门的学习课程。心学苑的这群人很像是无为而为的有机农夫，每天默默地、如常如实如是地，从早到晚，专注于醒觉和专业助人。

我们的学习与服务的体系也是为了整合：从知道到做到、从修炼到修行，达到心脑合一、知行合一、天人合一。我们的学习体系是应用"三练"来整合可实现、能落地的学习与发展：在训练后有教练，在教练后有修炼。

（1）生命整合的内涵是什么？

生命旅途就像是一场拼图游戏。在你专注拼图的过程中，那张整体的画面已经存在了。如果没有那张整体的画面，你要怎么把全图拼出来呢？我们所有正在做的，只是处在当下，一片一片地把零散的图片拼成一个整体，然后自然而然地，你就看见了那个生命的全图，这就是生命整合。

生命的存在是一个整体，好像你有一座靠山，使得每一个个体和整体之间就像那张拼图一样，一片一片、片片相连；其中的每一片都早已有了它正确的位置，而我们一直在这张整体的画面中。无论我们正在拼图的哪一片，那个画面都早已存

17 生命的意义是整合

在。某一天,这张整体的画面会透过你的生命发展来到眼前。

整合,就是生命生涯发展的历程。

从出生起,每个人都会随着岁月的成长逐渐积累对生命的误解,这些误解多到不可思议,因为误解而产生的痛苦更是数不胜数。

生命整合是学习对生命真实了解的过程,它透过自我了解、自我发展、自我实现、无我利他来完成。

如果你对自己没有真实的了解,你在自我发展中的种种努力或许就不是你真正想要的,就像有些人忙碌了一辈子,虽然幸运地功成名就了,他们却说:"这些都不是我想要的,我不知道自己到底是在为谁辛苦、为谁忙碌。"

所以生命整合的次第是从自我了解到自我发展,再到自我实现。反之,如果没有足够的了解,就没有因了解而产生的发展,这样的生命状态会和自我实现渐行渐远。

(2)每个人都需要身心脑整合吗?

生命整合的终极是"合一":如何与自己合一,与本体合一,与宇宙万物合一,与当下合一。

生命存在于身体、心智、大脑,无论你去哪里,你的身体、心智和大脑也都在那里,但是当你在说话和做事的时候,你的大脑却常常处在过去和未来。

每个人生命的自我成长、自我发展是不太一样的。每个人都有着不同的家庭环境和生长背景，即使处在当下，每个人的生命状态也是不一样的，因此每个人的生命的整合和发展的过程也不一样。就像每次上课的时候，当我提出一个和生命有关的提问，每个人的答案都是不一样的。

2000年我来上海发展生命教练，当时很多人问我"什么是教练"，我也问他们"什么是生命"。你不知道什么是教练很正常，因为你从未遇见教练，但是你从出生开始就拥有生命。到今天，你已经拥有了数十年。当我问他们"什么是生命"时，没有人的答案是一样的。

虽然每个人都拥有生命，可是没有人对生命的了解是相同的，所以生命究竟是什么呢？

生命整合的过程，虽然每个人都是不一样的，但核心就是心和脑的整合。虽然每个人的生命状态、家庭背景、父母教育、个人学历、生活经历都不一样，但是生命整合的关键即在于身心脑的整合。

生命整合的过程会产生一种由内而外的改变，由内而外是生命整体的现象。人的内在存在着思想、情绪、观点、信念、感受，外在存在着行为、语言、关系、目标、成果。

试着观察看看，不论你的身体正在何处，是否你的内在状

17 生命的意义是整合

态和你的外在状态一直在进行互动？是否你内在的发生在持续影响着你外在的行为、语言、关系、目标、成果？

通常你的注意力只关注外在的人、事、物，仿佛这个世界只有外在，而你完全忽略了内在。然而你内在的所思、所想却一直在推动你外在的所言、所为，不是吗？

你的外面有一个自己（身体），你的里面也有一个自己（心和脑）。然而当你只是关注那些正在和你沟通、谈话、开会的人时，你就无法感知内在的自己，也无法感知那些和你谈话的人的内在的思想和感受。

如果你有观照到自己的思想和感受是怎么发生的，也有觉察到你的身体是紧绷的还是放松的，这即是当下身心脑的整合。这样的你不会因为注意外在，就失去了连接内在。

生命整合的完成是一个人时刻处在外在与内在合一的状态，这样的生命状态不会感觉顾此失彼，也没有压力和紧张。

完成生命整合的人内外同在、没有分离，他们的言行一致、知行合一，生活、生命、生涯的发展也都是合一、和谐、和平的。

（3）生命整合后还要设定目标吗？如何看待工作中的目标？

当生命处在整合状态，每个当下的行动会变得非常清晰，目标和行动也成为合一的状态——目标即是行动，行动即是目标。

如果生命还没有完成整合，就需要经常设定目标以免自己跑偏；否则只是因为心脑处于分离状态，即使设定了目标，往往还是会力不从心、勉为其难、身不由己。

我在很多企业里面经常听到，每当需要全力冲刺一个目标时，很多人就会说："这是公司的目标，不是我的目标，公司的目标和我的目标合不来。"但是为什么自己和自己制订的目标也一样合不来呢？

人生的种种目标都是生命发展的历程，当生命整合时，目标和行动皆整合在当下，没有过去也没有未来，这是"当下即永恒"的意识。

在心生涯辅导中，PP代表着具有热情的目标，代表人生的每一个目标和行动都是从心出发、依心而行。这样的生涯是与生命发展同步、同心、同行的，所以心生涯辅导、创建东方心教练都是在发展生命的整合。

人生中的种种问题，都来源于心脑不平衡。

18 爱是最终的答案

爱是什么？这是一个伪命题。

如果有人对你提问，你会听到很多不同的回答，就像有人问佛"心是什么"，佛说"不可说"，因为能说的都不是爱。

（1）关于爱的困惑 1

我好像一直都不懂得怎么爱人。跟任何人在一起，我总是看重他能不能够满足我的种种需求，但我并不知道怎么去爱人。我以为爱就是互相满足彼此的需求，但后来我发现，为了满足个人的需求而爱其实是自私的，所以我从来没有好好地爱过人。我结过两次婚，每次觉得苗头不对就想转身逃跑，其实我觉得自己并不懂得什么叫作爱！

· Eva 老师解惑 1

对你来说，关键的问题也许不是关注爱，而是关注人。

究竟要怎么真正地做自己和懂得爱自己，这是个大修炼。

如果我们没有了解自己，不懂得爱自己，自然也就不知道要怎么爱他人，这样的伴侣关系又怎能相亲相爱呢？

当我们跟自己没有真实相爱的经验时，我们就只好在其他关系中去投射需求、分析认为、陷入困惑，这样的婚姻关系——不论发生过一次还是两次——就是你生命成长和发展的过程。

当你发现自己不懂得怎么去爱，当你说"我要看看怎么爱自己、怎么做自己"，那么这个问题就转变成了你自己的修炼问题，而不是对方的修炼问题——我怎么满足对方或对方怎么没有满足我，这些都不是真正的课题。

真正的课题是如何了解自己、尊重自己、做自己、爱自己。这个课题没有做，一直去做另外一个课题，就会让你非常困惑。

（2）关于爱的困惑2

我想要做自己、爱自己，但我搞不清楚自己想要什么。我为很多外界的说法所迷惑，然后觉得别人说的也挺好的、我自己内心想的是不是不对的，所以我就越来越迷惑。

爱自己，是往左走才是爱自己，还是往右走才是爱自己？我自己都搞不清楚自己，我做什么才算是真正的爱自己？

• Eva 老师解惑2

这是一个如何修心的问题。

不识本心,学法无益。

不能从内心真正地认识自己,学习再多的方法都没有用。这也是心内学至关重要的作用!

(3) 关于爱的困惑 3

别人不肯定我这件事,让我整个人非常崩溃。我一直在追求这个……

· Eva 老师解惑 3

请问:你肯定你自己吗?

一个真正肯定自己的人,别人是否肯定他,都不会影响他对自己的肯定;一个不肯定自己的人,不论别人是否肯定他,他都不会肯定自己。

所以即使别人肯定你,也没什么用,因为源头是你自己并不肯定自己,因此无论得到怎样的肯定,你都还是感觉不够。

这像是要盖房子而没有打地基,却想要盖高楼大厦。

爱是我们这一生最深的课题。

爱自己则是万丈高楼平地起的地基。

关于爱和亲密关系,之所以变得非常困难,是因为我们离开了生命的源头,这是问题背后的真正问题。

爱与不爱、幸福与痛苦、肯定与否定、满足与匮乏,所有这些剪不断理还乱的关系背后，都指向我们跟自己的关系。

但是人们舍近求远，总想去抓住自己跟他人的关系，不管和对方是什么关系，都想在其中建构所谓的爱、满足、幸福和共生……但我们忽视了那段关系课题的背后其实还有一个基本课题，我们必须先做好这个课题。

第四部

人间心法，落在人间

——学员心声——

19 我找到了
——魏奕

2011年我创业了,开始做自己的培训咨询公司。当时很想找到好的培训老师,于是朋友介绍我和一位资深的人力资源负责人见面。这位负责人对市场上的培训师了如指掌。见面的时候,他问我想要找什么样的老师,我说我想要找的老师是"活出"自己讲的课的。他想了一会儿,摇摇头说,这样的老师,太难找了。

这次对话给我的印象很深。想想看,老师要教好一门课,背后付出的学习、钻研必定远远大过课堂中学员能看见的呈现。一门学问,自己做到了还不够,还要思考怎么教给别人,让别人学会……为什么经过这么多的学习和讲授,老师却还是不能活出自己所教的课呢?一位老师究竟要怎样才能做到"人课合一、知行合一"呢?究竟有没有这样的老师呢?

不管这样的老师是不是很难找到,我始终相信,老师是用自己的生命在讲课。老师的生命走到哪里,课就会讲到哪里,

19 我找到了——魏奕

影响生命就会到达哪个程度——每位老师都在这条路上，只是 1 分到 10 分的差别。

2016 年，我开始跟着 Eva 老师学习东方心教练。让我最惊讶的并不是老师精湛的教练技术——直指人心、快速有效，那是老师的专业积累，三十年专业助人的顶真功夫，我很敬佩，但并不诧异——而是这位老师在下了讲堂，在讲课之外、生活之中，居然经得起多面被看：被很多人看、看很多年，仍然三百六十度无死角地耐看、真实、一致。由此我知道，我终于找到了一位活出来的老师！

Eva 老师有很多被"看"的时刻我都记忆犹新……

（1）"背黑锅"也很专业

有好几次我看到老师被人误解，比如对方把别人的失误安在她的头上，对她有意见甚至抱怨，但是我一次也没有见过老师为自己辩解。

有一次这样的事情发生后，我问她："老师，你背了黑锅，为什么不解释？"老师笑着说："黑锅我经常背，背起来我也是很专业的。"

我们一起开心地笑完了，老师接着说："你刚才问的，是指当人被误解、被指责的时候，会带来的心境、心情、心态的变化，对吗？"

是的,这正是我想知道的。在这样的时刻,老师的内心会发生什么?

只要有人问,老师必会细细回答:

当这样的情况发生时,当下我会先向内看,很奇妙的是,我看见和感受到的是一种极深的信任,那是我对自己的信任还有信心……

然后我会和自己进行心对话,问自己在乎什么、关心什么,我发现内在有一个安定的力量,让我不害怕被误解……

比如说有一个权威者在公开场合说了一些他的误解,现场有这么多并不认识我的人,是否他们就会对我有看法?当下我的感受是内心并没有害怕,也没有因为对方这样说就产生什么念头,让我恐惧和不安。

我看见内在的安定会让人坦然,忧虑会让人产生辩解。

我发现生命的存在不是任何一个误解可以撼动的。存在是不可言喻的力量。所以那些误解啊、黑锅啊、人言可畏的说法啊,其实都不足以动摇我们生命所拥有的巨大力量和安稳、安全、安心。

(2)带学生去上其他老师的课

有一次,老师组织心教练的学生集体去上一位国际心理学家的课,我听到有人问她,为什么带这么多学生来上另外一位老师的课,因为在培训业很少有老师会这么做。我自己做培训公司的时候也有这样的体会,让两个体系最顶尖的老师在一起教学是非常困难的。

但是 Eva 老师不仅带学生去上别人的课,还亲自主办这样的课程,跟不同体系的老师沟通、讨论课程的设计。在过去两年多里,我们一起上过国际心理学的课、身心灵成长的课、亲密关系和亲子教育的课,还有阳明心学……开这样的课,Eva 老师需要付出很多额外的时间和精力,让这些学习可以和教练的学习整合、匹配,融入心内学的学习体系。同样的时间,她为什么不用来多开一些自己的课呢?

对这个疑问,老师的回答是:

一位好教练是"上善若水"。

一群好教练是一个生态型组织,是"海纳百川"。

当我们是海纳百川,我们需要真的是海。当你真的是海,自然而然就会一直海纳百川。因此,你会接纳、尊重所有的学习体系,不管是心理学、心灵学,还是教练学。

(3) 自我的探索、发展、实现

从马斯洛的学说来说,每个人的生命发展是从自我探索到自我发展,再到自我实现。一个老师要发展自己,就要积极发展自己的专业、名声和教学。

Eva 老师说：

我的感觉是我的自我实现阶段已经完成。

我不再因为自己做了什么，或者没做什么，出现那种实现或没有实现、成就或没有成就的状态。现在的所作所为都是随顺因缘，看因缘的流动、看上天的指引，然后顺天应人。

当一个人的自我实现完成，不再那么注重自我的时候，会去引进别的老师就是很自然、很随顺的。因为我在做的不只是发展自我，而是实现他人。

如果没有执着，认为我是那个唯一的，只要是真正好的老师，我就会自然引进。我相信所有真正的老师，他们对于生命的发展都是有意义的。

有一次上课，Eva 老师说有位禅师讲"江上来来往往，其实只有两条船，一条为名，一条为利"。她问我们每个人，是否知道自己是哪一条船。

我记得最后她的回答是：

我是那片江水……不管是名还是利，江水只是默默地承载，不分析、不评判。不管什么东西丢进了江水，江水的本质都不会被改变。所有的脏水，如果叫作"黑锅"，所有的垃圾，如果叫作"误解"，即使它们被丢进江里，漂浮在江面

19 我找到了——魏奕

上,江水的自由自在、自然而然、载舟送舟也不会因此而有所改变。

百川最终汇入大海,我们这一生,就是在活成那片海。

(4) 做什么都从爱出发

有一次我跟几位教练在线上开会,回顾工作进展,我突然有感而发,说自己其实很喜欢写东西,如果可以一直写字,把心教练每天发生的历程记录下来,会觉得非常满足和喜悦。说完以后,我又有点不好意思,觉得如果只管闭门写字,只做自己喜欢的,那没有人去做的那些事情怎么办?一个组织的事情那么多,有那么多的责任,怎么可能每个人都只做自己喜欢的事呢?

Eva老师听了以后,当下说了一段话,虽然我已经很了解老师了,但当时我还是觉得一个组织的创始人和领导者,能这样说真的是很够大胆。

老师说:

我很早以前就在研究婚姻里所谓的"责任"。我的研究和探索是婚姻里面可不可以没有责任,只有爱。人可不可以只是从爱出发去做事情,而不是因为责任?爱是想做、愿做、欢喜做,责任是有时候不得不做。

我们在东方心学苑也是一样,有没有可能在这个组织里,每个人做所有自己喜爱的事?有没有可能每个人天天有极大的内心动力,是因为有那个喜欢和热爱?

如果有的事情真的没有人喜爱,那我们就不做。

魏奕你在写作的时候,是处在非常静心的状态。如果我们每个人都带着爱和静心去做自己爱做的事情,从爱出发,做的时候没有恐惧和担心,看看我们想做什么、爱做什么、做到什么……我们一起看看,这样的组织会发展得如何。

老师说完这段话后,线上一片沉默,久久没有人开口。我的内心好像一口大钟被敲响,振聋发聩,心声长鸣,一时说不出话来。很快我发现,线上的每一位都跟我一样,心潮澎湃,无言以对……然后,我听到一个声音从我内心深处发出。

魏奕:老师,人要怎样才能有这样的勇气?

Eva:你会怕什么?

魏奕:怕做错,怕不够好。

Eva:如果没有好坏,只是问心无愧呢?

没有好坏,只是问心无愧。

人要怎样才可以活出这样的内心自由?

这个问题,我并不需要老师给我答案。这个答案,我想用生命的每一天,好好去回答。

19 我找到了——魏奕

写到这里,想到老师的一件小事,就作为这篇文章的结束吧。

有一次老师讲完课,正好是傍晚时分。我正在整理教室,一抬头,看到窗外一片碧绿的湖水,青山环绕,有两只白色的鹭鸶悠悠飞过,在青山的后面,一轮鲜红的夕阳缓缓落下。我禁不住喊道:"老师快看!夕阳!"老师回头看见了,赞叹了一声,然后她整整衣裙,不慌不忙地面对窗外站好,气定神闲地说了句:"啊!这个当下!"然后她静静地看着这片夕阳,静默不语,好像世界上其他人和事都不存在了。片刻,她收回目光,转过身,接着忙刚才的事情去了。

这就是我的老师,一位时刻活在她所讲的课的老师。

20　活出真实的自己
——欧阳彦琨

人本心理学之父卡尔·罗杰斯说:"一个人终极一生的目标,就是活出真实的自己。"我觉得 Eva 老师是中国的罗杰斯,她用活出真实的自己作教学。她的生命状态是我们大家的心之所向。

如果你也有过这样的心愿,你一定知道,活出自己真不是一件容易的事。环顾四周,很多人都苦于不能活出真实的自我。

如何才能活出自己?

我的真实经验是,要活出真实的自己,我们不只需要学习,更需要发展,这样才能活出生命的胜任力。

在心教练学习的第一天,Eva 老师说:"心教练的十大核心能力,就是生命的胜任力。"听到这句话,我有一种醍醐灌顶的感觉。细细回顾一遍这十大核心能力,一个一个与自己的生命进行对照和连接,心中不禁惊呼连连:"原来如此!真的是这样啊!"

在后面更多的学习、练习、应用的过程中,越来越验证到这十大生命胜任力对一个人的生命发展极具指导和支持的意义。

我发现,没有什么比处在当下更能活出真实的自己了。大多数人往往活在头脑的思维里,不是在懊悔过去,就是在担忧未来,总是不在当下。不在当下,就会给自己制造很多的幻象和痛苦。

每当我邀请自己回到当下、处在当下,感受到当下真实的存在、真实的发生,我才能够真切地感觉到自己的存在。这个真实的存在,让我全息地打开、全然地放松与感知:物来则应,过去不留,心无挂碍,安心安定,活在当下,没有痛苦,真实而自在。

21　50 岁后人生更美好
——向华兰

我从 2017 年起跟随 Eva 老师学习东方心教练，当年刚好 50 岁，也正遇到生涯方面的挑战。

这五年的学习和生命体验，让生命的十大胜任力在我身上慢慢长出来，让我对生命、生活、生涯都有了清晰的认知。

我开始明白生命的意义不仅仅包含创造，还有体验、感知；人生除了工作，还有其他的角色和任务；更领悟到所有外在的发生都根植于内在。我越来越清晰自己的生命与他人、与世界的关系，生命状态的稳定、平和、喜悦才是自己终极的目标。这已经不是书上的道理了，而是我活出来的体验。

过去我将所有的时间和精力都投放在工作上，现在我开始体验生活中的舒畅，把家布置成自己喜欢的模样，买了喜欢的茶具，泡上爱喝的茶，看着桂花一年开好多次，看到银杏叶一片一片飘落下来，在阳光中泛着金光……这些美好的体验，让我内心充满快乐和喜悦。

我和女儿的关系、先生的关系也实现了前所未有的融洽。

先生说:"能感受到在家里的幸福。"有一天,我和女儿做了一个教练式沟通后,她说:"妈妈,你是我最好的朋友,我不知道你具体发生了什么,但是我听到了你更多灿烂的笑声,现在我们的家其乐融融。"

生命的十大胜任力,也是专业教练的胜任力。我喜欢通过和人对话,看到对方的醒觉、清晰和对生命目标追求的实现。50岁以后的心生涯一步步向前行,我从认证心教练到认证导师,生涯发展可以做的事情越来越宽广。

生命的十大胜任力,助力你实现生活、生命、生涯的整合。愿每一个生命,都能活出自己的自在和美好。

22 感谢这个人间道场
——周丽丽

在东方心学苑,大家天天用 3F 来分享学习心得:

Fact(事实):发生了什么事情?

Feeling(感受):在这个发生中我产生了什么心情?

Finding(发现):我对自己有什么发现?

应用 3F,每次都能帮助我整合,从一个个当下事情的发生来到自己的内心,例如某次对话、某场会议、某个活动中我的感受、收获和需求。

用 3F 表达和反馈,我屡试不爽,这种方式流动、真实,真诚。在组织里,人与人之间需要这份坦诚和真实,而当人与人之间产生连接,事情的推进也就自然而然了。

每周二早上 6:30,凡是学习过 Eva 老师的课程 "以需求为导向的行销"(Needs-Based Selling,简称 NBS)的同学,会进行 LDC(Learning & Development Coach,学习与发展教练)

晨练。

（1）为什么要开展 LDC 晨练？

以我自己的成长经历来看，在某个阶段，当我面临生活和工作的一些困惑时，我非常希望通过学习去解惑，找到一条出路，可我自己并不知道我需要学什么、怎么学、在哪里学。

（2）LDC 是什么角色？

LDC 就是学习与发展教练，他们是我们人生旅途中遭遇迷茫、困惑时的明灯。通过和 LDC 对话，我们能够了解自己目前的情况、遇到了哪些生命发展的需求（困惑背后其实是需求），以及为了这个需求，他们可以给我们提供什么样的解决方案，也就是"我需要学习什么来实现我的需求、期待"。

比如我们要学习如何赚到令自己满意的收入，我们知道实现这个目标需要学什么吗？再比如我们想做一个情绪稳定的妈妈，我们知道这个"需求"需要学习什么吗？

其实我们的人生一直在学习，从牙牙学语到九年义务教育，再到高中、大学，毕业后在工作中我们一直在学习如何胜任一份工作，初为人父人母我们也在学习如何胜任父母这个角色……可是有时我们并不知道我们真正需要学什么、在哪里学、怎么学才会有用，因为我们很看重系统性的学习，希望能有一个体系可以让我们持续进行学习，特别是生命的成长与发展更需要有体系的学习,这样才可以让我们生活得更好。

在 LDC 晨练的导师是学习与发展教练们,他们将自己实践的经历化作一个个真实的话题,在晨练中探讨、切磋,便于更好地支援所有人的生命的学习与发展。

下面这段 3F 记录了某年某月某日我在 LDC 晨练中的发生、感受和发现。

1. Fact(发生了什么事情)

阳霞、姚岚还有我,在东方心学苑的几个项目中都有角色的小伙伴们,分享了各自所在项目的人、角色以及目前面临的情况。华兰老师分别对我们三人进行了一对一的 PPDCAA 的辅导。

2. Feeling(发生中我的心情是什么)

当华兰老师分别和我们做了 PPDCAA 之后,我感到很清爽,我的身心脑都松绑了!

3. Finding(针对这个发生我有什么发现)

我发现每次来 LDC 晨练,我都会有一些心情和想法。大家有没有类似的情况,就是你去做一件事,你既想做又害怕去做?我当时心里在想:我没有采取过什么行动,也没能得出什么结果,我不好意思来参加晨练……结果,今天的晨练还真让我化解了"要不要来参加 LDC 晨练"这个干扰。

我的老师 Eva 曾说："每个人的心态就是组织的生态。"

在东方心学苑这个生态型组织里，我看到了百花齐放、欣欣向荣。LDC 晨练中，华兰老师分别对我们三人进行了一对一的 PPDCAA 辅导，这也让我看到了"人的清晰，会带来角色的清晰"。人清晰了，自然就会生发出清晰的行动，这样的行动是主动的、积极的、自然而然的。同时，我也感受到，无论做什么角色，"以需求为导向"都是核心和基础。无处不以需求为导向，一个人的需求就是一个人的渴望、期待、热情。

23 从此走心路，一切都还来得及
——杜娟

2023 年 8 月 3 日。

人生总要走过许多个弯，才能看见不一样的风景。

对我而言，生命从 30 岁跨越到 40 岁，是一道急速的转弯。在这个转弯过程中，我以生命教练的角色行走了一趟茫茫戈壁，也在回到真实而充满挑战的人生"戈壁"后，找到了那个迷失已久的答案……

（1）初心

第一次听到她的声音，是在 2022 年 6 月 15 日的腾讯会议上，我一边"挂"在"亲戈赛"的宣讲会上，一边在厨房里收拾着饭后残局。然而，当一道深沉的声音传入耳朵的时候，我突然停下了手里的活儿，感觉整个世界都安静了。于是，我重新打开了手机屏幕，好奇地想知道，那位发自内心的声音属于谁。从那时起，我初识了这位来自宝岛台湾的导师、心教练、东方心学苑的创始人 Eva 老师。

当其他人都在陈述各种知识道理、极力鼓吹报名时（请允许我姑且这么描述，无不敬之意），Eva 老师却以不疾不徐、不紧不慢的语气细细叙述着生命教育，娓娓道来生命教育为何需要生命教练，生命教练为何需要生命的修炼，才能成为一面清晰干净的镜子。我就这样站在厨房里，全神贯注地听完了她所有的分享，每一句话都触动了我内心深处的弦，每一句话都在我心里反复回荡："我到底想要成为一个什么样的人？"

得知这位老师将是第一届"亲戈赛"的教练总督导时，我义无反顾地报了名，成为 33 位生命教练中的一员。在经历了 20 天、40 小时的专业教练晨练之后，我们终于在 2022 年 8 月 5 日踏上了茫茫戈壁。

（2）连接

戈壁上的行走，是一场难以言喻的旅途。走完 4 天 88 公里，靠的不仅是磨破皮生满水疱的双脚，还有坚定的意志和义无反顾的心。

作为徒友，我们跟同帐篷的 3 个家庭一起，感受那种见天地的能量，一群人也在走走停停中成了战友和家人。与此同时，徐立导演的生命教育电影《生命旅途》也在戈壁上拉开了序幕……

这是一部没有剧本的电影，但有着丰富的剧情——4 个来自大江南北的中国家庭，在 4 天的徒步中发生了怎样跌宕起伏的故事，面对着怎样的内外矛盾和冲突？有多少苦叫作无可奈何，任凭戈壁一路坦荡，内心已是翻江倒海。这些内容和情节，拍电影的时候我们并没有什么强烈的感觉，也是在电影完成上映后，我们才深刻体会到，什么是人间真实，什么是生命教育。

戈壁的那几天晚上，虽然很累，Eva 老师还是坚持跟所有的教练们一起在工作帐篷里"挑灯"复盘。从拍电影的帐篷，到每一顶帐篷，老师关心每位教练在陪伴过程中的那些重要发生和发现。这样的"实景教学"，让我感到很新鲜，这是在过去三年的教练学习和实践中从来没有过的体验。有人说："帐篷里'没人当你是教练'，个个都是专家学者和有名望的企业家，你能指引我什么！"这样的现实状况，对很多新手教练来说，是不是既紧张又熟悉？回顾当时，Eva 老师在那个时候也没有"教"我们如何去证明自己是一个教练，而只是给我们做出示范——如何在面对自己和他人内在冲突的时候，用全然的聆听和问心的提问，来跟对方的内心建立连接。

这样的连接，让我们得以有机会对自己的内心一窥究竟。原来，我们的内心世界不就像那片戈壁吗？看似路途一望无垠、与他人相安无事，实则埋藏着各种看不见的恐惧和担忧，关系里也暗藏着数不清的刀光剑影。人性和关系，在太阳的暴

23 从此走心路，一切都还来得及——杜娟

晒下，化去伪装，是否还可以真实而美好？

答案是，可以的。

（3）重建

4天的徒步旅行很快就结束了，电影的上半场也拍完了，回到各自的城市，人生戈壁还在继续。对于影片帐篷里4个家庭之间的"恩怨情仇"，在从戈壁回来后的大半年里，Eva老师继续在线上亲自陪伴5位家长进行了5次"生命向导体验慧"（简称"体验慧"），其中包括我在内的5位学生也有幸成为这5位家长的一对一生命向导。也是在那个时候，我第一次接触和听到"生命向导"这种说法。

时隔半年，在"体验慧"上，Eva老师依然是初见时的那个样子、那个声音，不慌不忙，不紧不慢，气定神闲，让人安心。虽然很多话语无法一一回忆重述，但那些智慧的种子，早已在我心里扎下了根。"体验慧"，体验的是聆听和提问，看似简单，实则大有智慧。

正如老师所教导的，借用庄子《心斋》里的"听"，聆听有三个层次——听之以耳，听之以心，听之以气。老师也亲自给我们示范简版的"五步聆听"。

之所以称它为"简版"，是因为在日后跟随老师的各种学习中，我才真正发现：聆听，是生命的金钥匙。你能听到哪一

层的生命，才有机会开启哪一层的门。这，不正是生命教育吗？而这样的体验和学习，又是多么刻骨铭心！回想自己在企业做了近20年的传播专家，对于沟通这件事，似乎耳熟能详，可是在生命面前，我学的那些知识技能简直不堪一击。这个效果太神奇了，它的奥秘究竟在哪里？

善听者善问，在"体验慧"上，老师也就提问给我们进行了示范和说明。老师曾对剧中的女主角章鱼有个提问："你对自己的要求是怎样的？那对妈妈呢？"就在那个时候，章鱼突然就有了一个觉察和发现，她发现原来自己一直都在用自己的标准和期待要求母亲。那一刻，对章鱼来说，就像打开了一扇心门。在那之后，我们都很明显地感受到了章鱼的变化和不同。曾也有家长问："提问也有次第吗？"

老师回答说："问心是最高次第，要去问心情、问心智、问心声。"

在所有这些心上的提问中，我们不断地学习和练习，感受放下大脑的分析、评判，感受回本心，回到那个全然存在的自己。在"体验慧"的过程中，我们一起看见代表了亿万家庭的那些家长们的保护壳的松动和瓦解。那些原本对立的二元论、专家观点、父母要求，在纯然的聆听和提问中慢慢消失，继而从内心散发出原初的智慧的光芒。

23 从此走心路，一切都还来得及——杜娟

这段戈壁之后的人生戈壁，因为有了 Eva 老师这位向导的陪伴，让我们更进一步地见自己、见他人、见众生，也看见了关系原本可以这样和谐，世界原本可以如此和平。

（4）整合

随着徐导影片的收尾，我们也在一对一的陪伴中来到了人生新的旅途。

最近一次见焦雅，是在她家拍摄的时候，那也是我作为她的生命向导的最后一次对话。在那次的聆听和提问中，我看见了一位坚强独立的女性内心柔软温暖的爱，然后也看见她也正用这样的聆听和提问，陪伴正值青春期的大宝。也许影片只能记录瞬间，但那种无以言喻的美好和感动，已是永恒。

回顾自己从戈壁一路走到今天，这段旅途是多么精彩。从简单到复杂，再从复杂回到简单，在这样看似的回归中，生命得到不断的净化和进化，我感恩，上天让我遇见了 Eva 老师和一群用生命做教练的东方心教练；我期待，人人都可以有生命向导的陪伴，回本心、致良知；我祝福，所有人都能不断地在人生旅途中自我发现、自我了解，成为真正的自己。

生命的奥义，在修炼；教育的本质，在人心。无我利他，教化人心。

这是我找到的答案。

你呢？

感恩 对的人、对的事、对的时

连续三个月每天看稿改稿的日子,让我深深感受到人生真的是"一切都还来得及"哈!

《一切都还来得及》是一本心脑合一、知行合一的生命之书。在生命的旅途中,在车上、床上、桌上,我审视着这些文字,一切都仿佛是神来之笔,字里行间,处在当下,依心而行,自然而然,洋洋洒洒。

感谢雁行的慧眼,感谢媛媛的慧根,感谢你们无限的耐心等待以及对我所有的包容、尊重和信任。

万物皆有时,感恩一切都还来得及(大笑三声完稿了!哈哈哈!)

附录　生命胜任力行为指标

一、处在当下（Be Present）

1. 放下大脑中与眼前无关的事情，不去想不在眼前的人和事，体验内心的安静和安定。

2. 暂停分析、建议、判断等思考性活动。

3. 端身静坐、调匀呼吸、松肩下沉、守护丹田。

二、建立同在（Fully Contact）

1. 通过目光对视或重复感受的语言，关注对方的身心状态，包括语言、肢体语言、情绪状态、能量状态等等。

2. 在肢体语言、语气、声调、语速等方面与对方保持同频。

3. 透过深层响应，聆听对方内在没有说出来的感受和想法。

三、用心聆听（Awareness Listening）

1. 聚精会神，用心聆听是听的时候不思考、不分析、不评判。

2. 不跟随对方正在说的故事，去听故事背后对方内在的情绪、观点、需求、渴望。

3. 及时回应对方所提到的与内在感受有关的关键词，并与对方确认。

四、醒觉提问（Awakening Questions）

1. 提问对方有意义的问题，引导对方深入探索。

2. 针对生命的渴望或制约来提问，促进对方深入探索与反思。

3. 透过提问引导对方打开心、打开思维、深入自我觉察。

五、觉察制约（Conditioning Awareness）

1. 透过聆听发现对方心智模式中的限制性信念。

2. 引导对方从情绪中觉察自己干扰性的情绪。

3. 深入同在这些干扰，和内在建立深层连接。

六、化解干扰（Empower Inner Fransformation）

1. 引导对方回归本心，从心内看见自己的观点、信念、定义进行理清和心脑区分，发现更多的生命真相，也发现人生新的可能性。

2. 从心情、心智、心声来问心，引导对方聆听内在心声，清晰自己的心之所向。

3. 转化那些由观点、情绪所产生的自我疑虑，当下出现一念之转，使得原有的干扰和困惑像是拨云见日、烟消雾散。

七、确认目标（Goal Setting）

1. 保持内在的清晰，再由内而外将内心的渴望转为外在的目标。

2. 确认目标对生命的意义、价值及渴望实现的强度。

3. 确认对目标可实现的信心。

八、了解现况（Reality Clarifying）

1. Fact：了解与目标有关的现况。

2. Feeling：了解与目标有关的心情。

3. Finding：发觉与目标有关的能力与资源。

九、促进行动（Empower Awareness Action）

1. 在目标的驱动力中，推进心动与行动力，促进对方由心而发的行动。

2. 确认行动是有助于目标实现的步骤。

3. 确定可实施的行动方案与时间。

十、运用支援（Finding Support）

1. 了解对方在持续行动的过程中是否需要哪些支援。

2. 确认哪些人可以成为支援者。

3. 将目标和行动视觉化，建立心锚。

图书在版编目（CIP）数据

一切都还来得及 / 东方心学苑著. -- 北京：东方出版社，2025.1
ISBN 978-7-5207-3785-2

Ⅰ.①一… Ⅱ.①东… Ⅲ.①生命哲学—教学研究 Ⅳ.①B083

中国国家版本馆 CIP 数据核字（2024）第 006284 号

一切都还来得及

（YIQIE DOU HAI LAIDEJI）

作　　者：	东方心学苑
责任编辑：	吕媛媛
出　　版：	东方出版社
发　　行：	人民东方出版传媒有限公司
地　　址：	北京市东城区朝阳门内大街 166 号
邮　　编：	100010
印　　刷：	华睿林（天津）印刷有限公司
版　　次：	2025 年 1 月第 1 版
印　　次：	2025 年 1 月第 1 次印刷
开　　本：	880 毫米×1230 毫米　1/32
印　　张：	8.5
字　　数：	147 千字
书　　号：	ISBN 978-7-5207-3785-2
定　　价：	59.80 元
发行电话：	(010) 85924663　85924644　85924641

版权所有，违者必究

如有印装质量问题，我社负责调换，请拨打电话：(010) 85924602　85924603